ざわ…

カイジ「どん底からはいあがる」生き方の話

経済ジャーナリスト 木暮太一

サンマーク出版

漫画『カイジ』とは？

自堕落な日々を過ごす主人公、伊藤開司（いとう・かいじ）。そのカイジが多額の借金を抱えたことをきっかけにギャンブルの世界にのめりこんでいくという大人気漫画。巨額の富を持つ「帝愛グループ」らとの命がけのギャンブルを通じて勝負師としての才能を発揮するカイジだが、その運命は果たして……。

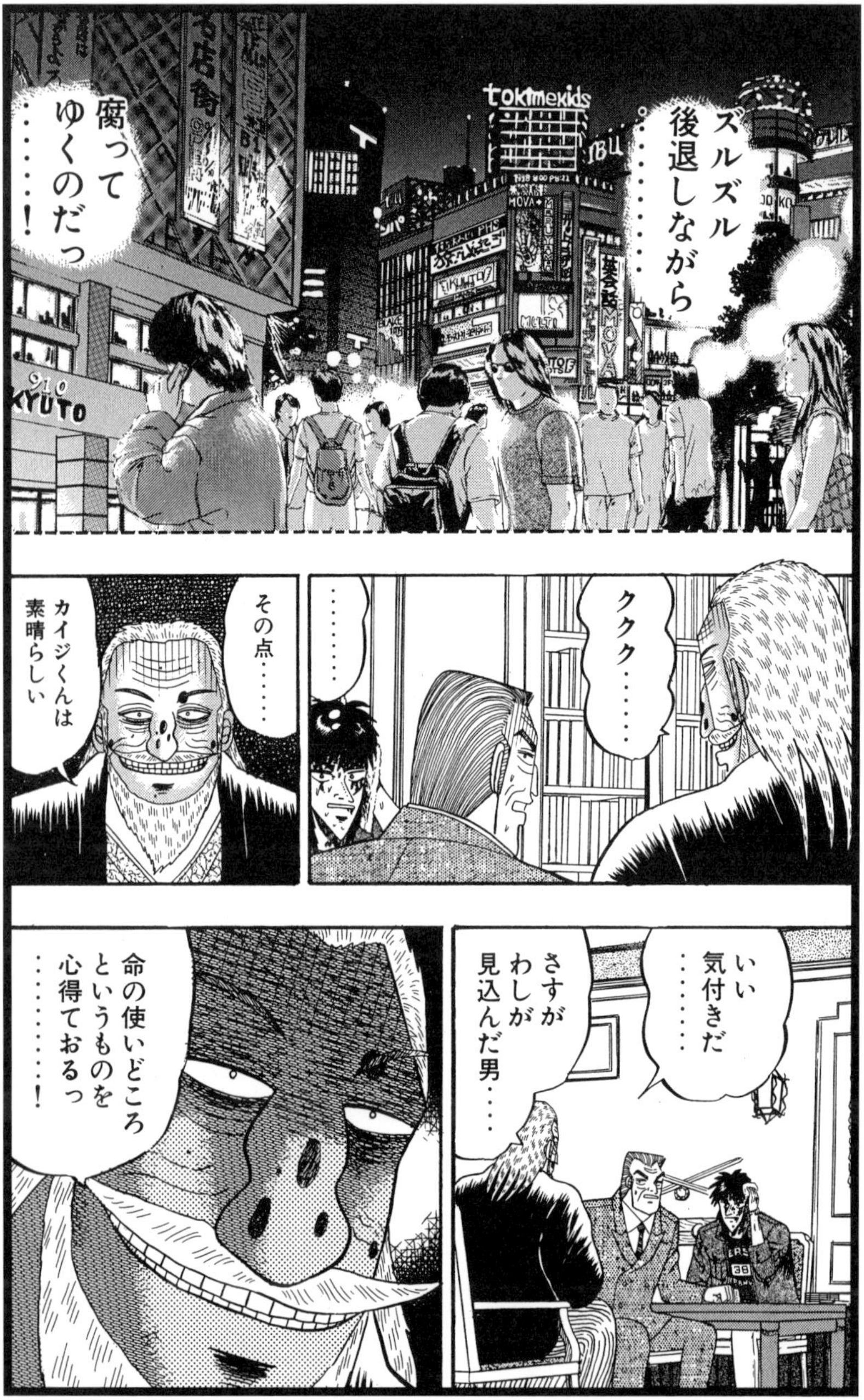
ズルズル後退しながら……
腐ってゆくのだっ……！
ククク……
……
その点……
カイジくんは素晴らしい
いい気付きだ……
さすがわしが見込んだ男……
命の使いどころというものを心得ておるっ……！

19世紀末、かつての繁栄を失うヨーロッパ世界で、
哲人ニーチェはこう語った。
「高く登ろうと思うのなら、自分の脚を使うことだ！
高いところへは、他人によって運ばれてはならない。
ひとの背中や頭に乗ってはならない！」
『ツァラトゥストラはこう言った』より

カイジ「どん底からはいあがる」生き方の話

目次

第2章 どん底からはいあがるために知るべきこと

第4章 自分の場所で光りつづける人生を目指せ

第5章
今度こそ人生を変えるために

装丁　櫻井浩＋三瓶可南子（⑥Design）
本文DTP　ジェイアート
編集協力　加藤義廣（小柳商店）
編集　岡田寛子

序章

生きたいように
生きるか

死んだように
生きるか

みんなが〝無能感〟を抱えている時代

「未来は、ぼくらの手の中」

マンガ『カイジ』の第1巻、第1話で、カイジは部屋でギャンブルをしています。その部屋にあったのが、この貼り紙です。

カイジの部屋でこの貼り紙を見たら、誰もが虚しさを覚えるでしょう。カイジだけではありません。みなさんの部屋にこの貼り紙が貼ってあるところを想像してみてください。なんとも言えない違和感に襲われるのではないでしょうか？

「未来はぼくらの手の中」と人は言います。でも、実際にそう思える人は数少ないのが、現実です。

このシリーズの第1作目『カイジ「命より重い！」お金の話』で「お金の怖さと大切さ」を訴えました。

第2作目の『カイジ「勝つべくして勝つ！」働き方の話』では、「働くことの意味と重要な心構え」をお伝えしました。

そして、これがシリーズ3部作の完結編。「生き方の話」です。

私はこれまで、「自分の人生を変えたい！」と思っている人にたくさん出会いました。人生を変えようとして、お金を稼ごうとしている人がいます。人生を変えるためには、仕事を変えなければいけないと考えている人もいました。

もちろん、人生を変えるには、その人なりの〝処方箋〟が必要ですし、お金や仕事は、自分の人生を構成する重要な要素です。

ただ、ひとつだけ言えることがあります。

それは、残念ながら、大金を得ても、仕事を変えても、それだけでは人生は変わらないということです。自分の考え方を変えなければ、あなたの生き方は変わりません。人生は変わらないのです。

それが、私がこのシリーズの最後として「生き方」をテーマに選んだ理由です。

つい数年前から、この日本の社会は、〝階級制度〟のない自由な世の中になり始めています。ビジネスにおいても年齢や学歴などによる〝見えない壁〟がどんどんなくなっているということです。

これまで私たちは、年齢や学歴によって、〝階級分け〟されていました。「だいたい35歳くらいで課長に昇進」「一流大学だから、出世が早い」というように、個々人の能力や人間性ではなく、〝階級〟で考えられていたのです。

しかし、その〝階級〟がどんどん崩れています。となれば、これからは〝自分次第〟です。年齢や学歴は関係なく、実力がある人が上に行き、能力が高い人が目標を実現できる環境になりつつあるのです。

そしてその結果、「実力さえあれば、私たちはなんでもできる、どこにでも行ける」「夢は叶う」「あなた次第です！」と言われるようになりました。

しかしそう言われれば言われるほど、苦しくなります。ほとんどの人が「未来」を手にしている感覚など持っていません。逆に「自分だけ前進していない」「自分だけ置いていかれている」「自分の人生はまったく先が見えない」、そう感じているのではないでしょうか？

自分の無力感・無能感を強く感じているのが、現代の日本人だと思います。

いま、この無力感・無能感が日本に急速に広がっている気がします。それは、日本人の能力が急速に落ちたからなのでしょうか？

私は、そうではないと思います。

私たちは無力・無能ではありません。私たちが無力感・無能感を抱いてしまうのは、外部からのイメージ付けのせいです。そう思わせる環境があるのです。

「がんばれば、夢は叶う」というフレーズは、とても残酷です。無邪気に人を傷つけています。このフレーズを真剣に捉えれば捉えるほど、「がんばればなんでもできる時代で、何もできない自分」が浮き彫りにされるからです。

「がんばれば、夢はなんでも叶う」というフレーズがあたかも常識のように語られ、常識のように思われると、それと同時に「叶っていないのは当人の責任」と感じるようになります。つまり、「当人が無力だから、無能だから」という結論になってしまいます。

「がんばれば夢は叶うのに、自分は叶っていない。それは自分が悪いんだ」と思うようになってしまうのです。

たしかに、「自分の夢なんて絶対に叶わない」と下を向いて生きるより、「いつか叶う！」と信じて、上を向いて生きる人生のほうが数段好ましいです。ただし、それが好ましいのは「希望を持って生きられる」ことが前提です。

いつか叶うはずの夢が一向に叶わず、叶う気配もありません。その間にも、非常に現実的な課題が自分の目の前に突きつけられます。

「このままだとお金がなくなるよ？」
「おまえ、仕事どうするんだ？」
「あっという間にいい歳になるぞ？」

カイジが〝ゴミって感じ〟の生活を送っていたときも、同じような気分だったかもしれません。

何かを成し遂げたいし、昔に比べて個人の力で何かを実現できるチャンスが拡がったように思える。テレビをつけると、自分の目標を成し遂げている人がたくさん映っている。

でも、自分はまだ何者でもない。何かしなければいけないことはわかっているけど、何をしたらいいかわからない。とりあえず何か行動しようと思っても、「しっかり考えたのか?」「勝算はあるのか?」と問い詰められてしまい、結局、何も始められない。

それでも自分を奮い立たせて、行動に移す。そうすると、周りから〝意識高い系〟とからかわれたり、「付き合いが悪くなった」と陰口をたたかれたりする。職場では「何? 転職しようとしているの? 何か不満でもあるの?」と聞かれてしまう。

こんな環境にいたら、行動するのはかなり難しくなり、何かを成し遂げることもできなくなってしまうでしょう。

しかし世間は相変わらずこう言います。「がんばれば、夢は叶う」。

もしそれが本当なら、夢が叶っていないのはすべて自分の責任ということになってしまいます。そして、できない自分は能力がない、努力ができないダメ人間と感じてしまうのです。

「競争は悪」という強烈な刷り込み

今の日本は、社会に出る前と出た後ではほぼ真逆のことを言われます。

学校にいる間は、競争が排除され、〝みんな一緒〟が善しとされます。飛び抜けて得意なことがあっても、それを伸ばすことはできず、周りに合わせるように指導されます。

最近は、小さいころから明確な勝敗や区別がつかないように、教育が〝配慮〟されています。一部の幼稚園では、絵柄のプリントが入った靴下が禁止になっています。小理由は、「絵柄が入った靴下を買いたくても買えない家があるから」だそうです。小学校の運動会では、徒競走を「手をつないで」走らせる学校があるようです。手をつなげば全員が1位で、全員がビリです。差をつけないという意図です。

中学校、高校でも、同質化を要求されます。制服を着て、同じ行動をするように促されます。差がつかないように、みんなと同じでいるように、そしてテストでは自分の考えではなく学校が用意した〝答え〟に従うように義務付けられています。

みんな一緒であれば安心、という心理がここで植えつけられたように思います。

しかし、社会に出たら即座に競争にさらされます。社会に出る一歩前の就活の時期からかもしれません。現実社会では、勝敗が明確につきます。また、力がある者が勝ちつづけ、力がない者は負けつづけてしまいます。

人と同じであることは、評価されず、いかに人と違うアイディアを出せるか、人と違う能力を発揮できるかを問われます。

20歳前後まで、競争と差別化を避けてきた人間が、突然「どうすればライバルに勝てる？」「差別化ポイントは？」と聞かれる。

ここで市場のニーズに応えられない人は、自分のことを無能と感じるようになってしまうのです。

人は「無能だ」と思うことで〝どん底〟にとどまりつづける

パソコンに、処理能力以上の作業をさせようとすると、どうなりますか？　フリーズしますね。どんな作業もできなくなり、動かなくなってしまうのです。

人間も同じです。自分の処理能力、処理範囲を超えてタスクが課されると、動けなくなります。

パソコンはフリーズしたまま動きませんが、人間は違います。動けなくなった人間は、他人に依存しはじめます。自分たちが生きづらいのは、国のせいだ、会社のせいだ、過去の生い立ちのせいだと考えるようになるのです。


でも、いくら人のせいだと騒いでも状況は変わりません。私たちは既に「がんばれば、夢は叶う」という自己責任社会に突入しています。これまでのように、会社が守ってくれる時代は終わりました。国が面倒を見てくれる時代も間もなく終わります。

自分の人生を変えるのは、自分しかいません。

このように書くと「当たり前だろ!?」と思われるかもしれません。でも多くの人が「周りがなんとかしてくれる」「国がなんとかしろ」「こんな生活になったのは政府のせいだ」と言います。
そして、いつか〝足長おじさん〟が来るのを待っています。
自分の夢をサポートしてくれる人が現れて、自分の夢が叶うように、自分が幸せに

ざわ… ざわ… ざわ…
おまえたちは皆……
大きく見誤っている……
この世の実体が見えていない
まるで3歳か4歳の
幼児のように
周《まわ》りが右往左往して世話を焼いてくれる
まだ考えてやがるんだ
臆面もなく……！
この世を自分中心……
求めれば……
そんなふうに
う……

利根川は厳しいがやっぱり正論を言う。今の自分に不満があるのなら、誰かがなんとかしてくれるという考えを変えるところからはじめなければいけない。

生きられるようにアドバイスしてくれると思っています。

しかし現実には、〝足長おじさん〟はいません。

自分の人生を変えようとしているのは自分だけですし、自分の人生を変えることができるのも自分だけです。自分が動かなければ、何も変わりません。

こう考えると、自分の人生を変えるには、自分が行動しなければいけない、という非常に単純な結論に至ります。

これは、誰もが気づいている〝結論〟です。こんなことは、人から言われるまでもありません。


しかし、現実問題として、そのために行動している人はいません。

「個人のやる気の問題」で片づけられることも多いですが、私はそれだけではないと思っています。個人の動きを止める環境・社会構造が存在しているのです。

私は常々、「ものごとの結果は、〝内的要素〟と〝外的要素〟の2つが掛け合わさって決まる」と考えています。

〝内的要素〟とは、自分の内面にあるものです。やる気や能力、考え方、知識などです。一方、〝外的要素〟は、自分がおかれている環境を指します。社会のルールや、インフラ、消費者の動向など、自分がコントロールできないものです。

たとえば、いくら能力と知識とやる気があっても、30年前にフェイスブックやYouTubeはビジネスとして成り立ちませんでした。インターネット環境が整っていなかったからです。反対に、いくら環境が整っていても、個人に能力とやる気がなければ実現できません。

すべての事柄は、当事者の内的要素と、当時者を取り巻く外的要素が組み合わさり、決まっています。

これは「自分が行動できるかどうか」についても同じです。「あなたが行動できないのは、あなたが甘えているからだ、やる気がないからだ」というのは簡単です。しかし、そこには必ず「行動を妨げている環境」があります。この環境を無視して〝根性論〟で語っても意味がありません。

人生を変えるためには、行動をしなければいけません。そのために、自分たちがどんな環境にハマっているのか、それを客観的に把握することが重要です。

人が動かなくなる、人を動けなくする外部環境とは何なのか、その正体を探っていきます。

第1章

人生を変えるために倒すべき2つの敵

ありがとうございます…！
ありがとうございます…！

私たちを動けなくしている黒幕の正体は？

人が行動しなくなる、行動できなくなってしまう背景には社会的な構造がありました。それは大きく分けると2つあります。

ひとつは、「これまで私たちを取り巻いていた〝階級〟の崩壊」。もうひとつは、「減点主義」です。

〝階級〟が崩壊したことで、私たちに**ある感情**が生まれました。

同時に、「減点主義」により、私たちの中に**ある考え方**が染み付いています。それらがあるから、人は人生を変えるための行動をしなくなる、できなくなるのです。

ここで生まれたのは、「妬みの感情」です。妬みの感情を持っているから、他人を妬んでいるから、動かなくなるのです。

そして「減点主義」によって染みついたのは、「動かないのがベストという考え方」です。動かないのがベストと思っているから、本当に必要に迫られるまで動きません。自分で考えて動くことができなくなります。

単なる分析をしたいのではありません。「現代には〝2つの社会構造〟がある。ここから〝妬みの感情〟と、〝動かないのがベスト〟という発想が生まれてしまう、だからしょうがない」ということではないのです。

人生を変えたいのであれば、自分たちがおかれている社会を客観的に捉えなければいけません。そして、そのうえで、もしその構造を「望ましくない」と自分で思うのなら、その構造に流されないよう、対策を取らなければいけません。

人生を変えるためには、自分がこれまで流されてきた構造を理解することからはじめなければいけません。

出る杭は、とことん〝妬まれる〟時代

むかしから、「出る杭は打たれる」という言葉がありました。今でもこの状況は変わっていません。出る杭を打とうとする人は必ずいます。むしろ、出る杭を打とうとする人たちが増えているように思います。

ただ、出る杭を「打つ」のには、力（権力）が必要です。「出る杭を打つ」というのは、その背景に「理不尽に」という言葉があります。犯罪者やルール違反をした人が「打たれた」としても、誰も「出る杭は打たれるなぁ」とは思いません。

そこには、理不尽に黙らせているということが背景にあるわけです。

ということはつまり、出る杭を打つためには、理不尽を突き通せるだけの権力がなければいけないわけです。力がない人は、いくら出る杭が近くにいても、それを打つことはできません。権力がある人だけの「特権」なのです。

しかし、権力がない人も同じように、出る杭をおもしろく感じていません。「出る杭を打ちたい」と思っています。でも、打つだけの権力がありません。

ではどうするか？　**権力がない人は、「妬む」のです。「出る杭は妬まれる」のです。**

昔から居酒屋では愚痴大会が繰り広げられてきました。今では、SNSやネットの掲示板をそのような目的で使っている人が大勢います。

自分の同期が突然抜擢されて、出世した。
同じような経歴を歩んできた人が、ビジネスで大成功した。
同業他社の知り合いがメディアで注目されて、一躍時の人になっている。

こういう状況を見て、「ずるい」と思ったことはありませんか？「悔しい」と思ったことはありませんか？

「自分もがんばらなきゃ」と刺激を受けるのではなく、「なんであいつだけ」「なんで

勝てば離れるハゲタカだ……
でも……
死ねばいい……
え……?
負けろ……
負けろ……
負けてくれ……
カイジさん……
……
う……
声……
気のせいではない
確かに聞こえる
カイジらを地の底に誘《いざな》う……

じゃんけんカードは全員生還という道もあった。しかし、それに気づかずに他者の勝利を妬みはじめる参加者あいつが評価されて、自分は評価されないんだ」と妬む気持ちを覚えたことはないでしょうか？

悔しい気持ちになることも理解できます。でも、人の成功を妬んでも、自分が得をするわけではありませんし、何か状況が変わるわけでもありません。

頭ではそれをわかっています。そして、誰もが「他人を妬んでいる自分」を誇らしくは感じていないでしょう。それどころか、自分にとってマイナスであることも気づいています。人を妬むことに一生懸命で、自分の動きを止めてしまいます。人を妬むということが、あなたの動きを止めているのです。

本当は妬みたくない。素直に他人の成功を祝福したい。でも妬んでしまう。

では、なぜ人は妬んでしまうのか？

それは、ここ数年の社会の変化と大きくかかわっていました。

「誰もが上を目指せる時代」になった

ご存じの通り、日本経済は、「年功序列」で成り立っていました。というより、まだまだ多くの企業が年功序列で、実力主義に移行する過渡期にあります。今まさに年功序列が崩れてきているという段階です。

そして同時に、テレビや雑誌では、実力主義の下、大活躍している若手が取り上げられています。自分の会社が年功序列だったとしても、実力主義が間近に迫っていることは感じますし、実力主義の恩恵を受けている人を「目にしてしまう」時代です。これが、人が行動しなくなる社会構造のひとつめであり、妬みを生む根本原因になり、人々の行動を止めているのです。

この構造は、かつてフランス人の政治思想家であるアレクシ・ド・トクヴィルが指摘した〝デモクラシーの負の側面〟と酷似しています。

中世のヨーロッパでは、アンシャンレジームという身分制度が存在していました。聖職者が一番偉い、その次に貴族、農民や平民は一番下の第三身分です。しかし、時代の変化とともに、この身分制度が崩れ、「デモクラシー」の時代がやってきます。

本来であれば、明確で圧倒的な不平等があるアンシャンレジームの社会より、そんな制度がなくなった平等なデモクラシーの社会のほうが平等だと感じます。疑いもなく、そう思うはずなのです。

ですが、その平等なデモクラシーの社会に生きる人々は、決して平等の幸せを享受していません。

なぜなら、「不平等を意識するから」です。書き間違いではありません。**平等の社会になったあと、より強く不平等を意識するようになるのです。**

非常に逆説的ですが、平等な社会になったからこそ、かえって不平等を意識するようになったのです。そして、平等な社会になったからこそ、より一層「平等であること」に執着し、自ら窮屈に生きるようになったのです。

どういうことか、その構造を説明します。

アンシャンレジームの時代、人々はどうがんばってもその身分を超えて生きていくことはできませんでした。どんなに能力が高くても、平民は貴族よりは下です。理屈うんぬんではなく、「そういう制度だから、下」なのです。

しかしやがて、フランス革命に代表される市民革命が起き、絶対王政が崩壊します。身分制度も取り払われ、みんなが平等になります。制度的には。

当然、身分制度がある時代より、デモクラシーの時代のほうが、圧倒的に自由で平等のはずです。しかし、自由で平等だからこそ、かえって不平等感を痛感していくことになります。

一体なぜ？

その構造を、トクヴィルはこう分析しました。

「不平等が社会の共通の法であるとき、最大の不平等も人の目に入らない。すべてがほぼ平準化するとき、最小の不平等に人は傷つく」

（『アメリカのデモクラシー』（岩波文庫））

トクヴィルの、この分析にすべてが凝縮されています。

もともと不平等が当たり前であれば、不平等であることはいちいち気になりません。しかし「これからは平等な世の中です」となった瞬間に、「これからは平等であるべき」という意識がはたらき平等でない部分が際立って見えてしまう、ということです。

身分制度が道徳的に正しいかどうかは置いておきます。ここでお伝えしたいのは、制度的に明確な不平等が存在している中では、人々はそれほど不平等であることを気にとめないということです。

そして、その制度が崩壊し、「不平等」であることが制度的に説明できなくなると、どんなに小さな不平等でも気になって仕方がないということです。

現代社会は、ついこの前まで、年功序列の〝階級社会〟でした。もちろん人間の身分としては平等です。しかし、会社の役職、給料は明らかに〝階級制度的〟でした。新卒1年目は、どんなに優秀でも、新卒1年目の給料です。なぜなら「新卒1年目だから」です。

一方、入社30年目の社員は、なんらかの役職についていました。その人の能力にかかわらず、役職につきます。なぜなら「入社30年目だから」です。

かつてはこのようなルールで昇進と昇給が決まることが「当然」で、誰も取り立てて異議申し立てはしませんでした。飲み屋で、「なんであいつのほうが給料高いんだよ」と愚痴ることはありましたが、それでもこの制度を受け入れていました。

また、学歴主義も崩壊しつつあります。これまでは、一流大学を出たら、一流企業に採用してもらえるというルートがありました。そして、「○○大学卒の人が偉くなる」というように、その学歴が何十年後も影響を与えていたこともあったのです。これも一種の〝階級社会〟です。

しかし、事情は変わりました。

ここ数年は、実力主義が広まっています。少なくとも考え方としては世の中に浸透し、「実力があれば評価される、実力がなければ評価されない」と、みんなが思いはじめています。

これからは〝階級〟がなくなった平等社会だと考えはじめました。それだから、人々はより一層「不平等」を強く感じるようになったのです。

かつては、同期がすべて同じエレベーターに乗っていました。そのエレベーターごと年功序列的に上昇し、同期同士は、せいぜいそのエレベーター内での〝椅子取りゲーム〟にいそしんでいました。

しかし、もはやそのエレベーターはありません。まだかろうじて残っている企業もありますが、メディアでは年功序列や学歴主義は過去のものとして扱われています。活躍している若手社員を取り上げたり、若手社長が経営するベンチャー企業を特集したり。そこに「〇〇大学卒」という文言を入れることはかなり少なくなりました。「これからは実力次第で、活躍できます」という流れはおそらく変わりません。

ビジネスパーソンを区切っていた〝階級〟は、過去のものになりつつあります。

そして、各個人が、エレベーターから降りて登ることになったのです。そしてこれが、平等に生きられるはずの社会において、〝不平等〟を生みだすことになり、「本当はみんな平等のはずなのに」という妬みを生みだすことになったのです。

「やるべきこと」も「やりたいこと」も圧倒的に自己責任

エレベーターがなくなったということは、2つの意味を持ちます。

ひとつは**「同期をひとまとめにする箱がなくなった」**という意味です。同じ大学を出たから、同じ年に入社したから、同じ年に社会人になったから、同じ歳だからという理由で同じところに留まっていなければいけない理由がなくなりました。

そしてもうひとつは、**「会社が自動的に操作してくれる乗り物がなくなった」**という意味です。これまでは、会社が操縦して〝キャリア・パス〟を描いてくれていました。会社に入ると、営業を経験し、企画部で商品開発をやった後に工場で現場を経験し、海外勤務を終えて、本社に戻ってくるといったような、ルートを会社が用意してくれていました。

そしてそのために必要な知識や能力、スキルは社員研修で提供され、必要な経験を積めるように、会社がコーディネートしてくれていました。

でも、これからはありません。自分が何もしなければ、自分はどこにも行けないという時代になったわけです。


エレベーターがなくなり、これからは自分の足で、各自が階段を上っていきます。自分次第で、どんどん高いところまで登っていけますし、素早く登って他人に差をつけることもできます。他人が気づかなかったような山に登ることもできます。

登り方やルートも自分で考えます。効率がいい、要領がいい登り方をする人もいる一方で、なかなか登れない人もいます。ここで大きく差がでる結果になりました。最近、高校や大学の同窓会に出席すると、同期だったみんなの〝多様性〟に驚かされます。経済状態、社会的地位、自己実現度合い……。ついこの前まで、「ある程度一緒」だったのに、今では何を取っても、〝人それぞれ〟です。


平等で開かれた社会は、自分次第でいくらでもチャンスを得られる反面、「やりたいこと」を設定し、それに向けて努力をしていくことは、自分の責任になります。そして、自分がやりたいことをやるという自己実現も、自分の責任です。自分で追いかけなければいけません。

自己管理と自己実現は、圧倒的に「個人の責任」となるのです。

かつての年功序列制度があった時代と、これからの実力主義の時代で、どちらが平等かといえば、当然後者です。そして、アンケートを取ると、特に若い人は後者の実力主義を選びます。

リクルートマネジメントソリューションズの調査によると、13年入社の新入社員のうち、「年齢・勤続年数に応じて平等なのがよい（年功序列派）」が約4割で、約6割が「実力や成果に応じて個人差があるのがよい」と答えました。成果に応じて給料が変わるべきという実力主義派が過半数を占めたわけですね。実力主義のほうが好ましいと思っているわけです。

ただ、これはまだ差がついていない新入社員の回答であることに注意しなければいけません。年次を重ね、同期と差がついてきたときに、彼らがどう感じるのか、別の調査を見てみます。

こんどは、『日刊工業新聞』の２０１０年の調査です。これを見ると、実力主義を望む声は、30代以下が最高で、40代、50代と歳を重ねるにつれて、割合が減っている

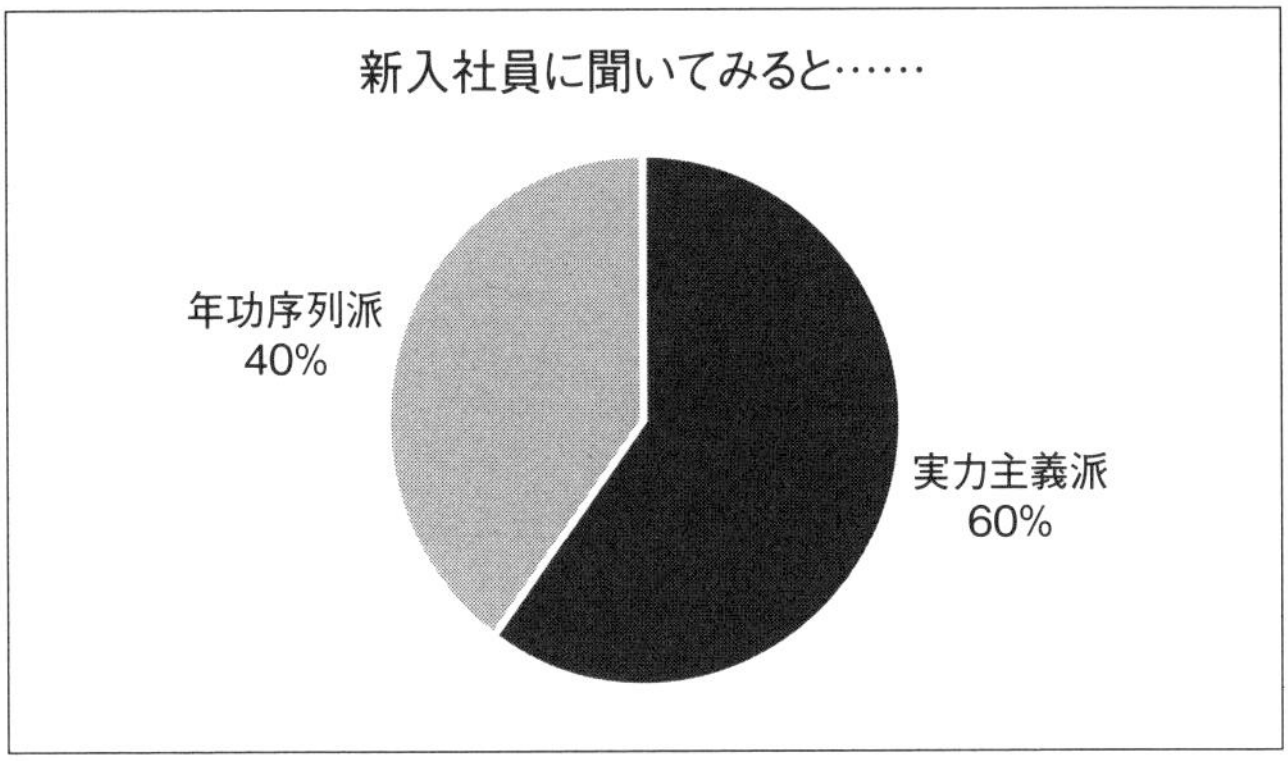
新入社員に聞いてみると……
年功序列派
40%
実力主義派
60%

（出典）リクルートマネジメントソリューションズの調査から作成
http://www.recruit-ms.co.jp/pdf/shinwaka2013.pdf

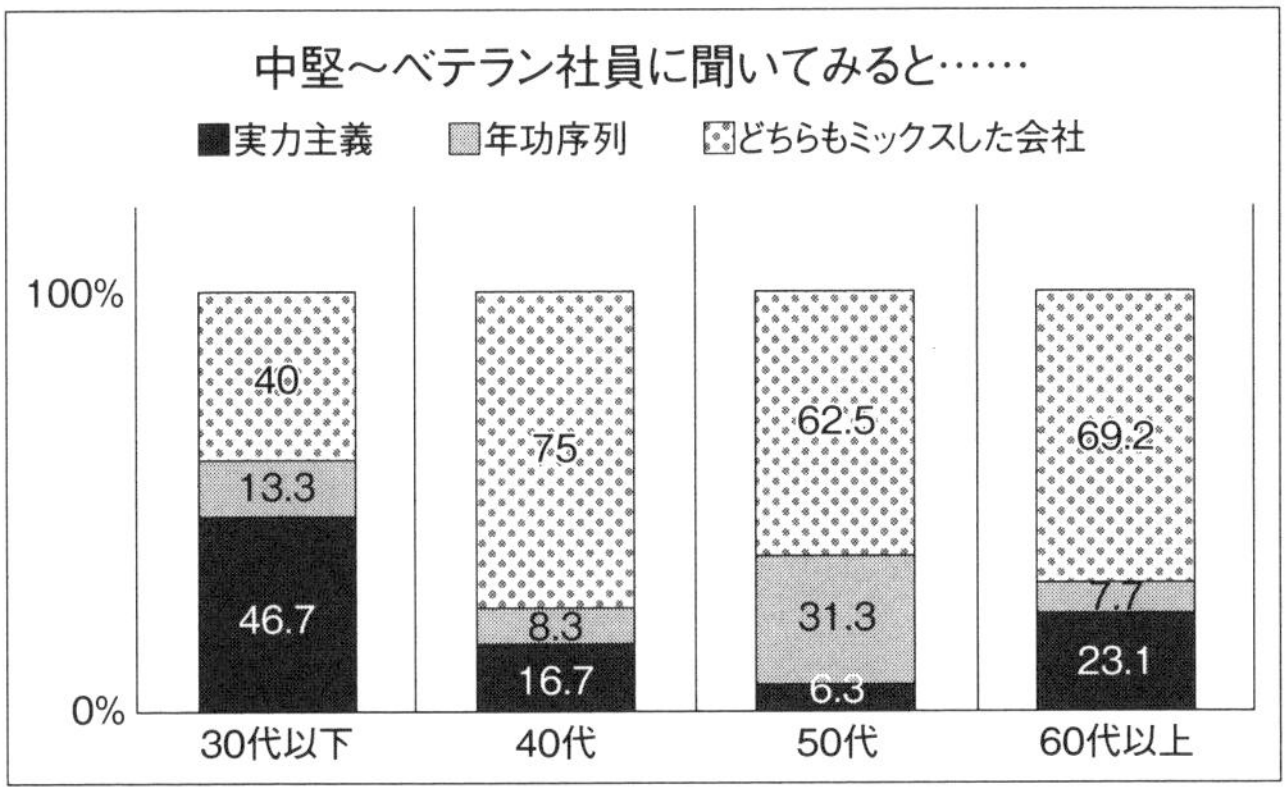
中堅～ベテラン社員に聞いてみると……
実力主義
年功序列
どちらもミックスした会社
100%
0%
40
13.3
46.7
75
8.3
16.7
62.5
31.3
6.3
69.2
7.7
23.1
30代以下
40代
50代
60代以上

（出典）『日刊工業新聞』の調査から作成
http://www.nikkan.co.jp/toku/enq/enq20101214.html

【実力主義と年功序列、どちらで働きたいですか?】

ことがわかります。

このアンケートに答えた本人が実力主義の会社にいるかどうかはわかりません。また、調査方法や時期も異なるので、この結果がそのまま日本社会を反映しているとは、言えないかもしれません。

しかし、年次を追うごとに、実力主義の「マイナス面」が見えてきている結果であることは確かです。

なぜ、他人の成功を妬んでしまうのか？

エレベーターがなくなるということは、いわゆる**「実力主義の時代」**になったということです。この変化が「妬み」を生みます。

人々が妬むのは「差があるから」ではありません。かつても差はありました。就職活動でも一流大学の学生の方がより多くのチャンスを与えられてきました。新入社員として会社に入ったときには、既に自分の給料の何倍ももらっているベテラン社員がいたはずです。自分よりもはるかに評価されて認められている先輩がいたはずです。でもその人たちに対して「妬み」の感情は生まれません。

着目すべきは、「自分もそうできたはず」という感情です。これをトクヴィルは、**「相対的不満」**といいました。

「相対的不満」は、次のような状況で生まれます。

1. 自分はAをほしい（Aになりたい）
2. 自分はAを所有していないが、他人はAを所有している（Aになっている）
3. 自分は、他人と同じようにAを所有する（Aになる）資格があると考えている

これが「相対的不満」が生まれる状況です。まず、「自分はAをほしい（Aになりたい）」と思わなければ、そもそも不満を感じません。

また、その「A」を得ている人が世の中に誰もいなければ、そもそも妬むことがあ

りません。「大空を鳥のように飛びたい」と願い、それができないことを本気で不満に思う人はいないでしょう。大空を鳥のように飛んでいる人を誰も見たことがないからです。

ポイントは3つ目の条件です。「自分も得る資格がある」と考えたときに、不平等感を抱き「なんであいつだけ」という妬みが生まれるのです。

社内の昇進制度がその典型です。これまでは「入社して20年くらいたったら、課長になり、その後10年くらいたったら部長になり……」などの暗黙的な了解がありました。そのため、新しく課長に昇進した人をみて、入社5年目の社員が「嫉妬する」ということはありませんでした。

「え？　あの人が管理職になっちゃうの？　できるの？」という驚きを感じることはあるかもしれませんが、「なんで、俺じゃなくて、あの人なんだ」と思うことはないでしょう。

自分には資格がないと思っているからです。

管理職が20年目以上であることに論理的な理由はないはずです。若くても優秀なマネージャーになる人もいますし、歳を重ねても、なかなかうまくできない人も大勢います。

20年目の社員よりも、もしかしたら入社数年の若手のほうが、適任かもしれません。

でも、年功序列の時代では、「そういうもの」なので、それに対して妬みを感じることはありませんでした。

ただ、その制度がなくなれば話は別です。これからは、「20年目」というルールがなくなったので、誰にでも権利があることになります。管理職になりたい人は、「自分が選ばれる資格」があると考えるわけです。

ここで「妬み」が生まれるのです。

「あいつが成功できたのは、運がいいからだ」「後ろ盾があるからでしょ？」「人脈に恵まれたよな。ラッキーなだけだ」と言ってしまうのです。

年功序列の「エレベーター時代」、乗っているエレベーターの箱を移ることはできませんでした。自分たちより上に「箱」があり、その中にもたくさん人が乗っているということも知っています。能力が低くても、先にエレベーターに乗ったから上にいるということを（少なくとも頭では）理解し、そのルールに従って生きていました。

学歴の〝階級〟で考えても同じです。一流大学を出ることが出世の条件だった時、学歴の差別を問題視しつつも、どこかでその〝階級〟の存在を認め、超えられない壁を諦めていました。

そのため、自分と彼らを比較することはありません。跳び移ることが不可能という

意識があるため、いくら彼らよりも自分のほうが優れている！　と感じていても、自分と彼らを比較することはしなかったのです。

これが正しいかどうかは別にして、何か客観的な規律を与えられているので、「別の層」の人たちと自分たちを本気で比べることはしないのです。そして、本気で妬むこともしませんでした。

しかし、その状況が変わっています。

今は世間では「自分さえがんばれば、なんでもできる時代」と言われています。そして、連日のようにテレビや雑誌で「がんばった人」が紹介され、非常に無責任な軽いノリで「夢は叶う！」「あなたもがんばれ〜」と言われます。

そう言われると、人は焦ります。うまくいっている人を見ると、〝まだ何も成し遂げていない自分〟が浮き彫りになり、強烈な焦燥感に襲われます。この焦りがさらに妬みを助長しています。

社会の「階層」がなくなり、「これからは、個人の時代です。みんな自由です」と言われます。そのように幅広く「世の中は平等」というイメージが広まっていくと、「自分にもできるはず」という想いが強まっていきます。自分は自由なので、なんでもやっていい、なんでもできる、何をやっても許されると、誰もが想像するようになります。そして、これから自分はなんでもできる、どんなことでもできると考えるようになります。

しかし実際には、やり方がわかりません。**できる環境は整っているのかもしれませんが、そこで実際にできるかどうかはまた別問題です。**

というより、多くの人は環境が整っていても、できません。能力的にできないときもあり、またタイミングがうまく合わないため、実力が同じでもAさんにはできるのに、Bさんにはできなかったという差が生まれます。

ここでさきほどの「相対的不満」が生まれるのです。

つまり、妬みの根本にあるのは**「『平等のはずなのに……』という感情」**だったのです。そしてそこからくる、「自分はあの人と、平等なはずなのに、自分だけできていない」というえも言われぬ不安だったのです。

みんなが同じように活躍できるような幻想を持っています。だから、誰か1人だけ「ぬけがけ」して成功すると悔しいのです。

誰かがいい成果を出すと、ツイッターやネット掲示板で「大したことない」「こんなんでいいの？」などと批判コメントを書きます。

そして、注目されていた人が失脚したり、成果を出せずにいると、「やっぱり大したことなかった」と追い打ちをかけます。

見知らぬ人が成功しようが、失敗しようが、本来は自分に関係ないはずです。Aさんが活躍しても、自分が被害を受けるわけではありませんし、Aさんが評価されたら自分がオーディションに落ちるということでもありません。そもそも、その「Aさんが活躍してる」というニュースを目にしなければ、一生涯無縁だったはずです。

でも、一生懸命批判するんですね。

それは「おまえだけずるい」という感情の現れです。そしてその前提にあるのは「自分と同じはずなのに」という平等の意識です。

不安だから、とりあえず〝叩く〟

「平等であるはずなのに」という想いを持った人が、すぐ隣にいる人の成功を喜べないのは、「なんであいつだけ」という妬みの感情があるからです。そして自分だけ取り残されているような不安があるからです。

そして、そのように妬んでいる人は、その人が自分より「上」にいることを極端に嫌います。なんとかしてその状況を変えようとします。

ここで、人より「上」に行く方法は、2つあります。

ひとつは、自分が努力して、その人よりも上に登ること。そしてもうひとつは、その人を自分より下に引きずりおろすこと。妬んで叩くのは、相手を引きずりおろし、自分より下に追いやるためです。

この2パターンは、今に始まったことではなく、中世からあったようです。かつてアダム・スミスは、後者のパターンを「軽薄な行為」と強く批判しました。人間の本質は残念ながら変わっていないということかもしれません。


先日、地下鉄で、50代くらいの男性5人組が就職活動生の話をしていました。

「なんで就活生は、みんな同じ格好しているのかね？　まるで個性がない。実社会では個性が評価されるのに若いやつは何もわかってないな」

とダメ出しをしていました。

たしかに、就職活動生は、みんな同じ格好をしています。社会人からすると、強い違和感を覚えますね。ただ、おもしろいのは、この男性5人組が、グレーのスーツに、白いシャツを着て、黒い靴を履き、ほとんど同じ格好をしていたことです。

「若いやつは何もわかっていない」と言いながら、自分たちも「よくわかっていなかった」わけです。

ところが仮に自分ができていなかったとしても、相手を叩き、貶めれば、相対的に自分が優位になります。

トクヴィルは、平等な世の中になればなるほど、「平等そのものに対する執着」が強くなると分析しています。

「どんなレベルでも構わない、平等であってほしい。誰かが自分より優れているのは許せない、多くの結果を残しているのは許せない」と考え、平等を願うようになるのです。

たとえば、年収についていうとこうなります。自分の年収が200万円だとしましょう。本来は、この200万円が多いか少ないか（足りるか足りないか）で考えるべきです。しかし〝平等な世の中〟では、自分の年収が200万円であることよりも、他の人が自分以上にもらっていないことが重要に思えるのです。

周囲が自分より優れていても、自分がそこまで追い付けば、「平等」になります。しかし、その努力はしたくない、もしくはできない人がいます。

ただ、そのような人も評価されたい、承認されたい、平等に注目されたいと願っています。だから引きずりおろして、自分と同じレベルまで相手を下げるのです。

相手を引きずりおろせば、「平等」になります。ここで不安は消えます。自分より下に落とし込めば優越感にひたり、「ざまあみろ」ということができます。

ですが、そんなことをしていても、自分自身は何も変わりません。人生を変えることができないのです。

自分の人生を変えたければ、相手を引きずりおろすのではなく、**自分が違う場所に行かなければいけません。**妬んでも何も変わらないのです。

誰もが〝エア試合〟で満足している

妬みの感情が、叩く行為につながり、人を叩いて満足している人たちが多くいます。この人たちがなぜ人を叩けるかを考えてみると、ひとつの現象が見えてきました。彼らは〝**エア試合**〟をして満足していたのです。

〝エア試合〟とは自分の頭の中で、ひとりで勝手に試合をしているということです。そこで、勝手に自分を〝勝ち〟にして喜んでいます。つまり妄想です。

エア試合では、誰もが主人公になれます。それこそ、自分の考えが一番であるように振る舞えます。ただし、このエア試合ばかり続けていると大事なものを失います。

それは、〝**体感**〟と、そこから来る〝**想像力**〟です。

剣道の試合では、竹刀を合わせた瞬間に実力差を痛感することがあるそうです。本当に向き合った瞬間に身体で感じることがあるといいます。実際の試合では相手の実力を強烈に感じ、それとともに自分との差も強烈に感じます。そして、もしその試合で圧倒的な実力差を痛感した場合、あなたは二度と相手を無責任に叩くことはできなくなるでしょう。

〝エア試合〟では、その体感を養えません。そして、体感がないから、その相手がどれほどすごい人なのか、どれほど自分との差があるのかを判断できません。だから、気軽に叩くこともできます。

居酒屋でプロ野球中継を見ながら、選手にダメ出しをしたり、超優良企業の施策を、若手ビジネスパーソンが「この会社はなんにもわかってないな」などと批評していいます。意見を言うことが悪いのではありません。むしろ、自分が考えていることは、どんどん提言をしていいと思います。ただ、もし本人を目の前にして同じことが言えるのなら、です。

プロ野球選手を前に、「なんであのボールに手を出したのか？　だからおまえはダメなんだ」といえますか？　一流経営者に対して、面と向かって「あなたは、わかっていないですねぇ」と言えるでしょうか。

実際に本人に会って、同じことが言える人は、ほとんどいないでしょう。

みんな、〝エア試合〟をしているだけなのです。その選手、その経営者に対して意見をしていますが、本人と直接対峙することはないことを知っています。そのことを知りながら、自分の頭の中で勝手に勝負し、勝手に自分に軍配を上げ、勝手に見下しているのです。

私は、2003年に株式会社サイバーエージェントに入社しました。その後、同社社長の藤田さんと二人三脚で子会社の出版社を設立した経験があります。このとき、私が強烈に感じたことがあります。それは、「自分はこの人に勝てない」ということでした。

考え方、発想、起きている事柄に対する対処方法、腹のくくり方、決断力。その他些細なことも含めて、どれを取っても、私は藤田さんに勝てないと痛感しました。

また、この子会社の出版社で、若手起業家の自伝本を何冊も出版しました。本をつくるにあたり、そのすべての起業家に取材をさせていただき、彼らの生い立ちから、これまでの挫折経験、今の生き方を伺いました。

ここでも「私はこの人たちと同じ人生は歩めない。能力も、精神力も違いすぎる」と感じました。

今に始まったことではないですが、多くの起業家がインターネット上で叩かれています。「センスがない、経営力がない」「しょぼい」など、言いたい放題のコメントを見ることもあります。

そんなコメントをしている人は、「自分もそのスポットライトにあたる場所にいたはず」とか「オレもあいつらも、そんなに変わらないはず」という思いがあるのでしょう。さも同列のライバルかのように、批評します。

しかし残念ながら、それは圧倒的な勘違いです。

世間のスポットライトを浴びている人と圧倒的な差があります。一生かかっても追いつけないような差があります。「変わらない」なんてことはありません。

でも、〝体感〟がないので、叩けてしまうのです。

妬みの感情が蓄積してしまうのは、「あの人と自分は同じはず」という想いが前提になっています。だから相手の活躍を見て「なんであいつだけ！　そんなに大したことないのに」と感じてしまうのです。

そんな妬みの感情を持っているうちは、自分はその人を目標にしてがんばることはないでしょう。そもそも、自分と相手の実力が同じと思っている時点で、「あとは運任せ」と感じるようになるでしょう。そして、その〝運〟に恵まれなかった自分をなぐさめるために、恵まれた相手を叩きます。

それでは人生を変えることはできません。


ビジネスにおいて、自分が伸びていくためには、〝課題〟を発見し、その課題を解決していかなければいけません。そしてその前に、その〝課題〟を適切に定義しなければいけません。


では、その課題解決に必要なものとは一体なんでしょうか？

それは、**〝現状と理想のギャップ〟を把握すること**です。自分たちが目指している目標を明確に把握し、今置かれている現状を明確に把握する。そしてそこから、足りていない〝ギャップ〟を明確に把握する。それが課題解決への第一歩なのです。

〝エア試合〟をして、飲み屋の酔っ払いのようにダメ出しをするのはまったく益のない無意味な行為です。無益なだけでなく、害があります。**エア試合をしている間は、いつまでたっても自分と周囲との差に気づかず、いつまでたってもギャップを認識できません。**となれば、自分の課題はいつまでたっても解決されず、自分はいつまでたっても人生を変えられないことになるのです。

このような〝エア試合〟はありとあらゆるところで見られます。そして、相手を叩き、「なんであいつだけ」と妬み、エネルギーを無駄にしています。

これらは「個人の性格の問題」ではありません。「平等」がうたわれればうたわれるほど、その中でのちょっとした不平等を意識するようになり、そして平等であること自体に異常に執着するようになります。

まさに私たちは、「他人を妬みやすい環境」に生きています。これらは〝階級社会〟が崩れた結果として、新しく生まれた社会構造なのです。

「減点思考」から脱却せよ

私が小さいときから感じていることがあります。それは「日本は〝減点方式〟が大好き」ということです。この減点思考が、もうひとつの「人が行動しなくなる社会構造」であり、日本人を不幸にしている考え方だと強く感じています。

日本人は、なんでもかんでも減点で考えます。すべてうまくやるのが前提で、うまくいかないことをそこからマイナスします。つまり、「最初に持っている点数が満点で、何かミスをしたりペナルティを課せられるとそこから点数が減っていく」という考え方なのです。

何か理想的で絶対的な〝正解〟があり、至らない部分をそこから減点します。その理想の姿に一歩近づいていれば1点ではなく、「99歩も足りないからマイナス99点」と考えるのです。

日本の教育はまぎれもなく「減点方式」です。

学校のテストは加点方式と思うかもしれませんが、違います。点数の上限が100点と定められていることにすべてが現れています。マークシート方式ではもちろん、論述式でも、満点以上の点数を取ることができません。加点方式で、よかったところを評価し、積み上げていくのであれば、「満点」という考え方すらなくなります。

その結果、ある水準が設定され、そのレベルまでたどり着くことが善しとされます。それ以上はどれだけがんばっても行くことはできず、むしろ足りないところが明らかになるような設計がされています。

また、仕事でミスをすると、減点されます。いい成果を出してもなかなか認められないのに、ミスをするとすぐに評価が落ちます。

営業成績も同じように考えられます。月の売上目標が100万円だったとしましょう。この目標に対して、90万円で終わってしまいました。このとき、ほとんどの企業では、「プラス90」ではなく「マイナス10」と考えます。

決められたことを問題なくこなしていれば「満点」です。しかし一方で、将来のために新たなチャレンジをして、残念ながら失敗してしまうと、減点対象になります。

既存のビジネスをそつなくこなすことよりも、新しい分野で結果を残す方が圧倒的に難しいです。そして、圧倒的に重要なことです。しかし、そこにチャレンジしたことは評価されず、ミスだけが評価対象になってしまうのです。

この「減点思考」の影響が、いろいろなところに現れています。本来「減点」で考えないものも減点方式で考えるようになるのです。

減点方式で考えた結果、引き起こされるのは、「ミスをしなければ満点」「わざわざ動いてミスをすれば減点」という考え方です。これが日本人を不幸にしているのです。

どんな案も100%成功することはあり得ない。マイナスポイントに目を向ければ動けなくなる。カイジは“減点ポイント”ではなく、可能性に着目し、果敢に勝負に挑んでいる。

動かないことが「満点」!?

運転免許を考えてください。自動車やバイクで違反をすると、減点をされますね。軽度のスピード違反は「1点」、同じスピード違反でも、時速20～25㎞未満のオーバーでは「2点」などと決まっています。

しかし本当は、減点ではなく、「加点」なのをご存じでしょうか？　違反をすると「1点減る」のではなく、「1点加えられる」というのが正しい理解です。そして、その点数が一定水準に達すると、免許停止や免許取り消しになります。何もしなければゼロです。違反をすると、チェックがついていき、それが貯まると免許停止になるわけです。

ただ、多くの人がそうではなく、減点方式で捉えています。あたかも持ち点があるかのように考えているのです。

そして、ミスをしない人が「優秀な人」、減点されない人が「善」のように思われています。だから、何十年も運転していないペーパードライバーがゴールド免許を付与されるのです。

考えてみたらおかしな話です。何十年も運転していない人が実際に運転したら、スピード狂と同じか、もしくはそれ以上に危ないかもしれません。もはや細かい道路標識の意味を忘れているでしょうし、高速道路での合流などはまずできないでしょう。
でも、ミスをしていないからゴールドなのです。

減点方式で考えていくと、最初は持ち点100で、何かミスをするとそこから減っていきます。一方で何か特別いいことをしても、100点以上に加算されることは、かなりレアケースです。

これが日本に悪い影響を与えています。

子どものときからミスを責められて、減点されるという考え方に浸っています。そんな環境を与えられたとき、合理的な人間であれば「では、何もしないのがベスト」と考えるでしょう。行動しないという選択肢をとるのです。それが一番合理的だからです。

減点思考の世の中では、「何か動いて（チャレンジして）失敗すればマイナスになる、失敗したらどうしよう」と考えるようになるのは当たり前なのです。

小さいころから「減点方式」が身についているから、「これをやって失敗したらどうしよう」と考えるのです。

そして同時に、「何もしなければ問題にならない」とも考えるようになります。

この考え方が、日本人を動けないようにし、日本人を不幸にしていると私は感じています。

今までやってきたことを継続することはたしかにたやすいです。慣れていますし、決められた範囲内の仕事で、ミスをしないことだけに集中すれば、なんとか減点は免れるでしょう。

しかしその減点を恐れるがあまり、新しいことに踏み出せずにいます。もはやその仕事を続けていても、市場の評価は得られないとわかっています。しかし会社の中で減点されることはありません。動かなければ、〝マイナス〟を免れるのです。

一方で、これから必要とされる仕事がわかっていたとしても、慣れていないので、完璧にこなす自信がありません。もしチャレンジしてうまくできなければ〝マイナス〟がつきます。

本来、チャレンジして失敗したら、〝ふりだし〟に戻るだけです。カイジのように、失敗＝死となるような極限の勝負でない限り、失敗しても元の場所に戻るだけです。高い木の枝につかまろうとジャンプして、もし枝をつかむことに〝失敗〟したら、落ちますね。それは、また地面に戻っただけです。

失敗しても元に戻るだけ。本来は、それだけの話です。

しかし、とにかく失敗を減点と考えられてしまうと、その減点が怖くて踏み出せません。「木の枝をつかみたいけど、届かなくて失敗したらどうしよう」と考えるようになるのです。

この木の枝に向けてジャンプする際に、失敗を恐れることが無意味であることは、多くの人に賛同いただけるでしょう。でも実際には、多くの人が実社会で同じような不安を抱えながら、ビクビク生きています。

その結果、このままではいけないと知りながら、その仕事を続けたり、新しいことができなくなったりしているのです。

だから、安定した（ように見える）道を進みたがるのです。

減点されつづけると、動けなくなる

小学校のときに、あるゲームをやりました。クラスの中で〝鬼〟を1人決めます。そしてその〝鬼〟は廊下に出て、残ったメンバーがあるミッションを決めます。その鬼にやらせるミッションです。「黒板消しを手に取る」「先生と握手する」などなんでもいいです。

鬼がそのミッションを当て、その行動をできるかどうか、というゲームです。

手がかりがなければ、鬼はそのミッションを当てようがないので、残りのメンバーがヒントを出します。そのヒントを基に、鬼はミッションを当てていきます。

ただ、このヒントの出し方には2つの方法があり、その出し方によって、結果が必ず180度変わります。私はこのゲームを何度もやりましたが、必ず「180度」変わりました。

そのヒントの出し方をAパターン、Bパターンとしましょう。

Aパターンでは、〝鬼〟がミッションに近い行動をするたびに、周りが拍手をしてたたえます。「黒板消しを手に取る」がミッションの場合、黒板の方向に一歩進むだけで拍手、もう一歩進むと拍手、黒板の横に来ると大きな拍手。

一方のBパターンでも、鬼を正解に誘導します。ただし、今度は間違った行動をしたときに、ブーイングを出します。鬼が黒板から離れたら「ブー!」、鬼が黒板と反対を向いたら「ブー!」、鬼が間違えてチョークを手にしたら「ブー! ブー!」。

どちらも、鬼がミッションを遂行できるように、周りが手伝っています。ですが、この2つは毎回、真逆の結果を生みました。

Aパターンでは、鬼が間違った行動をしても何もしません。黒板の方向に進めば拍手ですが、遠ざかっても何もしません。黒板消しを手に取ればゴールですが、チョークを手にとっても何もしません。そのため、鬼はいろいろと自分で試行錯誤ができます。そして、正解にたどり着くことができます。

しかし、Bパターンでは、鬼が間違えるたびにブーイングを発します。ただ、ミッションの内容を知らないので、基本的に鬼は間違えます。そうすると、何かをするたびにブーイングが発せられるということになります。鬼が教室の真ん中で、何をしていいかわかりません。試しに、窓のほうを見てみます。そうすると「ブー!」。試しに自分の顔を触ってみます。そうすると「ブー!」。

これが続くとどうなるか? まず間違いなく、鬼は動けなくなってしまうのです。

Aパターンでは、まず例外なくミッションが遂行できるにもかかわらず、Bパターンでは、かなりの確率で棒立ちになり、動けなくなります。

両方とも、鬼がミッションを遂行できるように周りが「サポート」しています。しかし、結果が異なります。

Aパターンは、いいことができたら拍手という「加点思考」です。その行動自体ではゴールに至らない不十分なものでも、ゴールに近づいたということで、拍手です。

Bパターンは、相手の間違った行動に「バツ」をつける減点思考です。減点思考で、指示をした結果、相手は棒立ちになってしまい、まったく動きが取れなくなってしまうのです。

たしかに、ミッションから離れる行動やミッションと無関係な行動をしても、最終的には意味がないでしょう。しかしだからと言って、間違っているという事実だけを突きつけるとどうなるか、私たちは身をもって知ったのです。

ざわつかない人生は幸福か？

２０１２年の大学卒業生の人気就職ランキングの１位は、公務員でした。理由は「安定しているから」。

別に公務員を目指すことが悪いのではありません。公務員も大切な仕事です。しかし「安定しているから」という理由で選ぶべきではありません。

そもそも人は、〝安定するために〟生きているのではありません。自分がやりたいこと、自分が成し遂げたいことのために、日々汗水たらしてがんばっているのです。

以前、『流れる雲よ』という演劇を観ました。戦時中の特攻隊が主人公の演劇でした。この演劇を観たのは、数年前ですが、まだこの中のセリフが頭から離れません。

「命を使うと書いて、〝使命〟」

というセリフです。

使命とは、自分の命を捧げるくらいのものである。本当に大事なものに対しては、命を使う覚悟で進め。そう言われている気がしました。

帝愛グループの会長・兵藤は、「命は大切にしすぎると、澱み腐る。命はもっと粗末に扱わなければいけないのだ」といいました。もちろん、これは暴論です。命を粗末に扱っていいはずがありません。

ただ、少し見方を変えてみましょう。自分の「使命」に対しても命を使えないとしたら、それは幸せな人生とは言えないのではないでしょうか。何に対しても使命を感じられない、退屈でざわつかない人生では、決して幸せではないと思うのです。

自分が生涯を捧げてもいいと思えるようなものがあったほうが、圧倒的に幸せな生き方だと思うのです。

小学校の国語の教科書に『おじさんのかさ』という話がありました。

傘が大好きなおじさんが主人公です。おじさんは、傘が好きすぎて、大切すぎて、汚したくありませんでした。だから、傘がぬれてしまわないように、雨の日も傘をさしませんでした。

これでは本末転倒です。

傘は雨の日に自分が濡れないようにするための道具です。自分の持ち物を大事にする気持ちは大切ですが、「だから使わない」というのは、おかしな話です。

「自分自身」も同じです。

決して、「命を大切にするな」ということではありません。命はもちろん一番大切なものです。そこは誤解しないでください。

そうではなく、「これをやったら命を擦り減らしそう。大変そう。傷つきそう」と、何に対してもビクビクして生きるのは意味がないとお伝えしたいのです。擦り減らないように、ガラス細工を扱うように、一切の外からの刺激を遮断して生きていたら、何もできません。

自分の最後を迎えたときに、「果たして自分は、人生の中で何かにチャレンジしただろうか?」と思うような人生は、絶対に幸せではないと思うのです。

減点を恐れると、チャレンジすることで得られるプラスの側面ではなく、失敗して失うマイナスの側面ばかりに目が行きます。何も失わないように、静かに、そーーーっと生きるようになるのです。そんな「ざわつかない生活」に行きつくだけなのです。

動き出すために、自分に現実を突きつけろ！

妬みの感情は、人の動きを止めます。

せっかくの〝出る杭〟も妬まれるので、出るのを辞めます。妬んでいる人自身も、行動をせずひたすら足を引っ張る行為にエネルギーを費やします。そして、「減点思考」も、人の動きを止めます。動いてマイナス点を取るよりは、動かないほうがマシだからです。

そして、減点思考を持っていると、「もし何かチャレンジして失敗すれば×がつく」と考えるようになり、チャレンジすることに対して、過度に腰が引けてしまいます。

この2つから逃れることが、人生を変えるための第一歩です。そしてこれらから逃れる方法はひとつしかありません。

〝現実〟を見るのです。他人から妬まれても、現実的には実害はありません。実害がなければ、無視することも容易になります。

自分の中に、妬みの感情が出てきたとき、「その妬みの感情は、自分にもできたはずという悔しさから出てるよね。要するに、負け惜しみだよね」と自分に突きつけてください。そして同時に、妬むことで自分にどんなメリットがあるか、その都度客観的に考えてみてください。妬んでいることがバカバカしく、そして恥ずかしくなるでしょう。

同じように、チャンレンジしようとして怖くなったら、自分が減点思考に陥っていることを思い出してください。そして、「動かなかったら満点じゃなくてゼロだよね」と自分に突きつけてください。


人生を変えようと思うのなら、この2つから抜け出さなければいけません。抜け出して、別の考え方を身につけなければいけません。

動かなければ、〝ペーパードライバーのゴールド免許〟が待っています。ピカピカのゴールドですが、二度と社会に出られなくなるでしょう。

反対に、動いた結果として万が一失敗しても〝元に戻るだけ〟です。その事実を思

まかしていたら、何も始まらない。認めてこそ、強烈に自分に突きつけてこそ、動けるようになる

い返し、自分を行動に駆り立てなければいけません。

そうすることが、自由に生きるための一歩なのです。

次の章では、その〝別の考え方〟を身につけるために、知っておかなければいけないことをお伝えしていきます。

第2章

どん底から
はいあがるために
知るべきこと

やったあっ……！
ひいいっ……！
やったっ……！
おおおおおっ!!

今ある仕事のほとんどが、おそらく10年後には存在しない

残念ながら、現在存在している商品のうち、多くは10年後にはなくなっているでしょう。ということは、「自分が10年後もまったく同じ仕事をしている可能性」は低くなります。もしかしたら、自分が勤めている企業もなくなっているかもしれません。今や新しく立ち上がったベンチャー企業が数年以内に倒産するのは珍しいことではありません。

大企業も同じです。東証一部上場企業さえ、毎年、数社はなくなっています。

また仮に、その仕事が存在しつづけていたとしても、自分が引きつづき、求められ

ているとは限りません。

前作『カイジ「勝つべくして勝つ！」働き方の話』で、**現状維持は後退である**という話をしました。自分では、同じ場所にとどまっているつもりでも、周りは進歩しています。また、自分では気づかないうちに、誰かライバルが、より効率的な方法を見つけ、より高い質で、より安く商品を提供していることもあり得るでしょう。

それは、直接的にみなさんから見える範囲で起きているのではありません。みなさんの職場に突然ライバルが「今の従業員の代わりに私を雇ってください」と直訴してきたら「ライバル出現」を自覚することができます。ですが、そのようなことはほぼありません。

みなさんのライバルになる人材は、商品の形で現れます。つまり、ライバル商品が登場し、自社の商品が売れなくなります。その結果、ライバル社の人員は増え、みなさんの会社の社員が減ります。つまりみなさんがクビの危険にさらされます。

本当の敵は〝同僚〟や〝ライバル企業〟ではない

産業革命以後の長い歴史を見ると、私たち労働者のライバルは、人間（他の労働者）だけではないことに気づきます。労働者は機械、テクノロジーと戦っていかなければいけないのです。

みなさんが、こうして本を読んでいる間にも、機械が人間の仕事を、どんどん奪っています。人間が身体を動かす仕事の多くは、機械に置き換えられています。人間が行うより、機械がやったほうが、圧倒的に効率がいいからです。

そして人間は機械がちゃんと動いていることを監視・管理する役と、機械ができないほんの一部の作業を担当するだけになりました。

これから、この動きはどんどん加速していくでしょう。**今は機械が行っていない仕事でも、やがては機械化が必ずなされます。**

たとえば、有料駐車場にはもうほとんど人はいません。以前は管理人がいて、料金を精算していました。でも今では、ほぼ自動販売機状態です。映画館に行っても、座席を予約するのに、タッチパネルの機械を使うところが増えています。

企業は、できるだけ効率化を図りたいと思っているので、労働者を機械に置き換えたいと常に考えています。誤解を恐れずに言うと、現状、人間がやっている仕事は、「ただ機械ができないから人間がやっているだけ」です。人間にやってもらいたいと思っているわけではないのです。

さらに、２０１４年の春時点では、日本は人手不足に陥っています。復興需要と２０２０年のオリンピックに向けた建設需要が重なり、建設業界では急激に需要が伸びています。その一方で、その仕事を処理するだけの人がいません。また飲食業界も深刻な人手不足に陥り、新店舗を開店できない事態が起きています。

このようなリスクに直面した経営者は、ますます「人材に頼らない経営」を目指し、機械化を進めるでしょう。景気が上向きのときはそれでも構いません。でも不景気になったら？　一度機械に奪われた仕事は人間に戻ってきません。

これからは、人間のライバルだけを見ていても意味がありません。人間のライバルと相撲で勝負をしていたら、機械が砲弾を撃ってきて、土俵ごと吹っ飛ばされるということになるのです。機械の力は、仕事そのものをなくす威力があるのです。

そして厄介なのは、最近は機械に加えてテクノロジーも人間の仕事を奪っているということです。

機械は、どちらかというと、人間の肉体労働を奪っていきました。

そして、**テクノロジーは、人間の知的労働を奪っていきます。**

少し前から「ビックデータ」という言葉が出てきました。ありとあらゆるデータを集め、それを分析することで「正解」を導き出そうとしています。典型的なのがＳｕｉｃａに代表される電子マネーの買い物データです。

東京駅から渋谷駅まで電車通勤する人が、電車に乗る前にコンビニでコーヒーと新聞を買い、駅のキヨスクでガムを買い、昼休みにお茶を買い、仕事が終わってから、新宿でとんかつを食べた、などの情報がすべて集められることになります。

そのような「ありとあらゆるデータ」を集めて、消費者の購買傾向を調べることができます。そうすると、もちろん、人が街頭に立ってアンケートを取って「今朝、何を買いましたか?」などと聞く必要はありません。

Aという商品とBという商品が同時に買われているなども聞くまでもなく統計的にわかります。消費者の居住地とも掛け合わせて分析ができるので、千葉に住んでいる人の傾向、東京、長野、大阪、福岡など、地域別の傾向も瞬時にわかってしまいます。

電子マネーの情報は、ビッグデータの中では、初歩的な位置づけです。そのうち、街中にある防犯カメラの映像から、さまざまなデータが抽出できるようになり、さまざまな分析ができるようになるでしょう。

つまり、これまで人間が行ってきた「マーケティング」が、かなりの部分、不要になるのです。

人の心に訴えるキャッチコピーも、テクノロジーでつくれるようになるでしょう。

既に、インターネットマーケティングでは、AというキャッチコピーとBというキャッチコピーのどちらが反応がいいかをテストする手法があります。テクノロジーが進化すれば、それこそ膨大な言葉の中から、この商品を買いそうな人が好むキャッチコピーを統計的に導き出すことも可能になりそうです。

「考えることは人間にしかできない」と言われた時代がありました。しかし、今やそうともいえません。機械（テクノロジー）とプロ棋士が将棋で勝負し、機械が勝ってしまうということも起こっています。

機械が次の一手をどうやって「考えて」いるのか詳しい仕組みは知りません。すべての戦略パターンを飲みこんでいて、確率統計的に、その時々に一番勝つ可能性が高い手を出しているのかもしれません。しかし、いずれにしても、人間よりも〝いい案〟を機械が出せるようになっていることは事実です。

労働者がこれから機械とテクノロジーに負けずに生きていくために必要なものは何か？　それは簡単に言うと、「機械、テクノロジーにできないことをする」ということに尽きます。ですが、将棋で人間が負けてしまったように、どんな課題でも、やがては機械とテクノロジーのほうが速く、安く、優れた答えを出すでしょう。

人間ができることは、ごく限られた仕事になっていくのです。

人を裁いている場合ではない

最近、佐村河内守氏の〝ゴーストライター問題〟や、政治家の〝金の貸し借り〟など、「正しくない出来事」が相次いで世間を騒がせています。これらに限らず、身の回りを見ても、イカサマやズルが頻繁に起きています。

スポーツの世界でも、反則行為は日常的に行われています。また反対に、反則が行われていなくても、足をかけられたフリ、蹴られたフリをして、審判を騙す選手もいます。

これらのイカサマやズルを見ると、怒りの感情が湧いてきます。

「そんなこと許せない！　正しくない！　ひどい！」

そう感じることでしょう。そう考えるのは自然ですし、イカサマやズルは非常に軽薄な人間のすることです。

ですが、一方で私たちはあることを知らなければいけません。**それは、「そもそも、イカサマがない社会などない」「ズルがない社会など実現できない」ということです。**

この社会ではいろいろな人が、いろいろな行動をしています。

残念ながら、イカサマやズルをする人もいます。もちろん、「善か悪か？」と聞かれたら、「悪」です。それはたしかです。でも、だからといって、それを「0」にすることはできません。性善説に立てば、そういう理想も描けるかもしれませんが、現実問題としてはユートピアでしかありません。

そもそも、**この世界に「絶対的な善」「絶対的な悪」はありません。**

アダム・スミスの理論に従えば、善悪は、その社会の中でつくられます。ある社会では、善とされていることでも別の社会では悪と判断されます。それは、その社会の文化や成り立ちや人々の考え方が違うからです。

人を殺す行為ですら、戦争中は〝悪〟とはされません。その場その場で善悪は変わるもので、その人が背負っている背景によって善が悪になったり、悪が善になったりするのです。

民事裁判では、それがより顕著にわかります。会社・個人を問わず、いろいろな人が、いろいろな人を相手取り、裁判を起こしています。

裁判で争われるということは、お互いがお互いの主張を正義だと思っているということです。アップルと韓国のサムスンはスマートフォンの技術について頻繁に裁判で争っています。日本でもモバゲーのＤｅＮＡとグリーが争っています。お互い「相手の主張が間違っている。自分が正しい」と言っているわけです。つまり、お互いが自分は正義と思っているのです。

芸能人が、パパラッチなどによくプライベートを暴かれています。テレビのワイドショーでも、〝非常に意地悪な質問〟が躊躇なくされています。

では、メディアが「絶対的な悪」なのでしょうか？　メディアはメディアで視聴者、読者の注目を集めなければ生き残っていけません。従業員を食べさせていくことができません。従業員の家族を養っていくことができません。そして、同時にその情報を欲している消費者がいます。

それを考えると、メディアが「絶対的な悪」とは言いづらくなります。

なくならないものは、無視をする

イカサマやズルを完全になくすことはできません。それなのに、私たちは常に小さなイカサマに腹を立てつづけています。「あれはおかしい！」と怒りをぶちまけていますね。

そして、そのイカサマを暴こうと、「ズル」があったことを明らかにしようと躍起になっています。

感情的には理解できますが、怒りをぶちまけても物事は解決しないのです。個人的に被害を受けた場合は別ですが、テレビのニュースで知った〝イカサマ〟を暴いても、あなたにはなんの得もありません。暴くことで、イカサマを将来にわたって撲滅できるのであれば意味がありますが、そんなこともありません。

そして、怒りをぶちまけている間、みなさんの関心はそのくだらない「イカサマ」に向かい、時間とエネルギーを浪費します。

それこそ、無駄ではありませんか？

イカサマを暴き、裁くのは「当局」の仕事です。私たち民間人は、当局が正当に対処することを見届ければよく、自分が被害を受けていない件に関して自ら先頭に立って怒りをぶちまける必要はありません。

ズルはどんな世の中にもあります。それをわかったうえで、こちらも開き直って勝負をしなければいけません。

キックボクシングなどの格闘技の試合で、蹴りが相手の急所（股間）に入ってしまうことがあります。男性なら誰もがこの痛みを知っているでしょう。蹴られた後、立ち上がることができるのが不思議なくらいです。

ただ、その蹴りが入ったあとも、試合は続行します。仮に、蹴りが「わざと」だったとしても、関係ありません。試合続行です。そこでいちいち「あいつはわざと蹴った。汚い！　卑怯だ！」と嘆く選手はいません。**なぜなら、証明ができないからです。**

まれに、観客の目から見ても「わざとでは？」と感じることがあります。ですが、よっぽど明らかでないかぎり試合はペナルティもなく続行されます。証明できないからです。

明らかにおかしくても、それを証明できなければ、意味がありません。

そもそも世の中は潔癖ではありません。いちいち腹を立てていたら、時間がいくら

当然さ……
仕方ないんだ
だって……
ないんだもんな証拠が……！
なら黙るしかない……
それが……
真剣勝負ってもんだろ………！
それを自分に都合のいい時は続行させておいて
何かハプニング……不測の事態で逆の目……都合が悪くなると中止なんて……
何を言ってるんだ……？
通るかよっ………！

ギャンブルは「騙し合い」が当たり前。圧倒的に不利な状況でも「証明できないズルは、受け入れて戦う」とカイジも腹をくくっている。

あっても足りません。であれば、**世の中にはズルがあるという前提で、戦っていくべきではないでしょうか？**

人は、理由があると平気で「ズル」をする

それでもズルに目が行ってしまい、腹立たしく感じてしまうという人は、一度自分の行いを振り返ってみるといいと思います。

人は誰しも、ズルをします。そして、**ほぼ間違いなく自分もズルをしています。**

アメリカの行動経済学の実験から、おもしろいことがわかりました。「ズルをしてしまう構造」です。この実験で明らかになったのは、**「自分に言い訳ができる範囲であれば、人は簡単にズルをしてしまう」**ということでした。

たとえば、2人でお菓子を分けるとき、お菓子が3つしかなければ、相手に黙って自分が2個取ってしまうことは気が引けます。でもこのお菓子が101個だったら、「別に自分が51個もらってもいいや」と考えるようになり、平気で〝ズル〟をしてしまうのです。

1個ズルしていることには変わりはありません。でも、「自分が1個多く取っても、

相手は50個もらえるんだから、いいでしょ。そんなに変わらないでしょ」と思ってしまうのです。

つまり、ズルをしても自分に言い訳ができるので、特に罪悪感も抱かずズルができてしまうのです。

『カイジ「勝つべくして勝つ！」働き方の話』では、「なぜギャンブルの時にはあんなに頼もしいカイジが、勝負が終わるとあれほどのダメ人間になってしまうのか」という分析をしました。そしてこの「同じ人でも『強い人』になれるときもあれば、弱くなってしまうこともある。同じ人でも、『善の行い』をするときもあれば、悪事をはたらくこともある」ということを、アダム・スミスの『道徳情操論』の理論を引き合いに、解説しました。

要約すると、次のようになります。

まずスミスの考えでは、人間の心には、もともと天使と悪魔が棲んでいます。誰の心にも強く正しい心と、弱く間違った心の2つを持ち合わせているのが人間なのです。そしてそれとは別に、「強く正しい心に従わなければいけない」と思う気持ち（スミスは「義務の感覚」と言いました）があります。この気持ちがあるので、人は善人であろうとし、正しい行いをしようとし、ズルをしないで生きようとします。

ということは、もしこの気持ちに〝言い訳〟ができてしまえば、人はズルができてしまうのです。

「これくらいは〝ズル〟のうちに入らないよね」「これくらいは譲っても、まだ良心に背いたことにはならない」という言い訳ができてしまえば、後ろめたさを感じずに正しくない行動ができてしまいます。自分の中での正義を保ちつつ、正しくない行動ができてしまうのです。

たとえば、電車で座っているときに目の前にお年寄りが立ったとします。このとき、自分の中で一生懸命「譲らなくていい理由」を探します。「パソコンを拡げて仕事をしなきゃいけないから、今回は仕方ない」「今はすごく疲れているから……」「もっと若い人が譲るべきなんだよな……」。このような言い訳を探した経験は誰にでもあるのではないでしょうか？

人は、言い訳ができるとズルをしてしまう生き物です。

そしてさらに、**ズルをしてしまったときには、自分の中で言い訳を見つけて、その行為を正当化してしまう生き物**です。

という視点で振り返ると、自分も〝ズル〟をしていたことに気づくでしょう。「いや、あれはそんなに大した問題ではなかった。ズルのうちに入らない」と思いたい気持ちはわかります。でも残念ながらその時点で、自分に対する言い訳を見つけてしまって

それさえ得れず
死ぬ…という可能性も当然ある！
ま
ま
ま
誰がどう考えたってここは
ギャンブル側!!「友情側」は選べないって！
必然さ！
ここは「裏切る」が必然！
大丈夫！
お前は「そっち」を選択するに足る‥‥
充分な理由がある！
大丈夫！

「友を裏切れば、自分は生き残れる」という「言い訳」を見つければ、友の命を見捨てることもOKになってしまう。

いるのです。

「言い訳」さえあれば、人はズルをしてしまいます。自分も一緒なのです。

再現できないものは、実力ではない

遠藤はカイジに言いました。

「今の生活、ゴミって感じだろ?」

「人生を変えろ」

それまでの人生が、自分で〝ゴミ〟だとわかっていたカイジは、この言葉で勝負に挑むことを決めます。


現実社会でも、自分の人生に〝違和感〟を覚えている人は大勢いると思います。

「こんなはずじゃなかった」と。

もしかしたら、カイジと同じように「まだ途中だから」「本当の自分は違う」と自分に言い聞かせている人もいるかもしれません。


多くの人が自分の人生を変えたいと思っているのです。

しかし現実には、多くの人が人生を変えることができません。


なぜか？


自分の生い立ちや学歴の問題でしょうか？

もしくは能力の問題でしょうか？　人生を変えることができる人と、そうでない人は、たとえばお金を稼ぐ力が違っていて、お金を稼ぐ力がない人は人生を変えることができないのでしょうか？

また、そもそも、「人生を変える」とはどういうことを指すのでしょうか？　どうなったら、自分の人生は変わったと言えるのでしょうか？

「自分を変えたい」「人生を変える！」と考えている方は多いです。

しかし、**一体何を手にすれば人生を変えられるのか、それを把握している人はほとんどいません。**変えたいといっても、変える方法がまったくイメージできないというのが本音だと思います。

「人生を変えるのは、お金」と考える人も多いでしょう。カイジもその一人でした。お金さえあれば人生がばら色に変わると考えています。

だから、人は宝くじを買うのです。

しかしお金では解決しません。『カイジ「命より重い！」お金の話』で、「宝くじに当選した人が、じつは不幸になっている」という実態をお伝えしました。宝くじで高額当選したからといって、そのあと幸せになれるわけではなく、かえって不幸になることがあるのです。

その理由を、経済学の「限界効用」という考え方を使って解説しました。人間には、「慣れ」があるので、最初はすごくうれしかったものでも、やがてはそれほど満足を感じなくなります。自分の気持ちを満たすためには「さらに上」を常に目指さなければいけなくなります。ただ、それにはお金が必要です。どんどん必要なお金が増えていき、宝くじの賞金でも足りないくらいになってしまうのです。やがてお金が尽きても、気持ち的には相変わらず「さらに上」を目指しています。そして、それを借金で補うようになり、やがて膨大な借金を抱え込み、最終的にはすべてを失うのです。

「大金を手にしても不幸になるとは限らない。不幸になるのはお金の使い方が悪いだけだ」

そう考えるかもしれません。

たしかに、感情に流されず、うまくお金を使うこともできるでしょう。そうすれば、それまで買えなかったものが買えるようになります。自由な時間も増えるかもしれません。

ただし、一時金をもらっても変わりません。なぜなら、**自分で意図的に再現できないからです。つまり、自分でコントロールできないからです。**

たまたま誰かのおかげで、一時的に夢がかなっても、人生は変わりません。

宝くじで大金を当てても人生が変わらないのは、本質的には、それが「たまたまだから」です。宝くじは意図的に狙って当てられるものではありません。「もう一度一等を！」と思ってもできず、賞金が尽きたらそれで終わりです。だから人生が変わら

これはおまえが考えているような話じゃねえんだ……！
黙ってろ……！
よく知りもしないのに口を挟《はさ》むなっ…………！
……カイジさん……
わかってるって…………
カイジさんの言いたいこと
リスキーだってことでしょ……？
うまくいきゃあいいが……
すべったら大変だってことでしょ
でもさ……
オレ……もう なんていうか
わかってきちゃったんだよね……
オレたちみたいなプーが
浮かび上がろうと思ったら……
これはもう……
どこかで一発当てるしかない
でなきゃあ………

お金さえあれば！と人は考える　けれどお金は　それまでの人生で積み重ねたものとの等価なのである

ないのです。

大事なのは、その状態を再現できるかどうか。そして再現できるようになるには、要するにそれを自分でコントロールできなければいけないのです。

「相手の役に立つこと」が人脈をつくる唯一の方法

一時的なお金を得ても、何も変わりません。そのお金を得る方法に再現性がなければ、人生は変わりません。

お金に限らず、不動産や株などの資産を他人からもらったとしても、おそらくその資産を食いつぶして終わります。何かのきっかけで、たまたま世間の注目を浴びても「一発屋」で終わる可能性も十分あります。「再現性」がなければ、その効果は一時で終わるのです。

ただ、再現性がなくても、その後の人生を大きく変えることがあります。

「出会い」はそのひとつです。素晴らしい出会いにめぐり逢えば、それだけで人生が変わります。たった一人との出会いが、人生を大きく変えます。

そう考えて、「人脈」をつくろうとする人がたくさんいます。「人脈」をつくれば、ビジネスに限らず、自分がやりたいことがすぐ叶うと感じています。そして、人脈をつくろうと、いろんなところに顔を出しているのです。

しかし、そのような人は、人脈の意味を勘違いしています。

名刺交換をして、人脈をつくったつもりでいますね。ですが、冷静に考えてみてください。自分がもらった名刺を眺めても、相手の顔すら思い出せないのではないでしょうか？

相手も同じ状態です。もしかしたら、二度目に会ったときも、「はじめまして」と名刺を交換するかもしれません。そんな名刺交換が人脈にならないことは、想像すればすぐにわかるでしょう。

人脈がビジネスに有効だということはよくわかります。しかし一方で、名刺交換などの「人脈づくり」が意味がないこともわかります。というより、そもそものような名刺交換では「人脈」はできません。

テレビ画面を通して有名人を知っていても意味はなく、「人脈」にはなりません。

その理由を考えると、「人脈」の定義がわかってきます。

人脈とは、「自分が誰かを知っていること」ではありません。

人脈をつくりたいと考えるのは、率直に言うと「その人が自分の役に立つから」です。自分にメリットがあるようなことをお願いできたり、自分に何かしてもらったりすることを期待しているわけです。

でも、自分がAさんを知っていても、Aさんは自分の「人脈」にはなりません。ただ知っているだけでは、Aさんには何も頼めず、Aさんに何かしてもらうこともできないからです。

人脈とは、自分がAさんを知っていることではなく、Aさんが自分を知っていること、Aさんが自分に一目置き、自分と関わることにメリットを感じてくれていることなのです。

こちらがお願いや質問、提案をしたときに耳を傾けてくれる人のことを「人脈」といいます。そんな人が「人脈」になりえるのです。ということはつまり、相手に「この人には協力したい」と思ってもらうことが肝です。ただ単に知っているだけでは協力してはもらえません。ましてや名刺交換しただけでは、「知っている」うちにも入りません。

人脈をつくるとは、自分に一目置く人をつくるということです。そしてそのために必要なのは、周囲から「協力したい人物」「価値ある人間」と思われるか？　なのです。〝ベクトル〟が逆なんです。

そして、そのためには、自分自身の力を高めなければいけません。自分の能力が高まるからこそ、自分を頼りにしてくれる人が増えます。また、「自分」と関わることでメリットを感じる人も増えていきます。そして自分の力になってくれる人も増えます。

名刺交換をしたから、顔見知りだからといって、助けてくれるわけではありません。本当に仲がいい人でなければ、多くの関係は〝友情〟ではなく、〝経済的なメリット〟が重要な要素になっていることを忘れてはいけません。

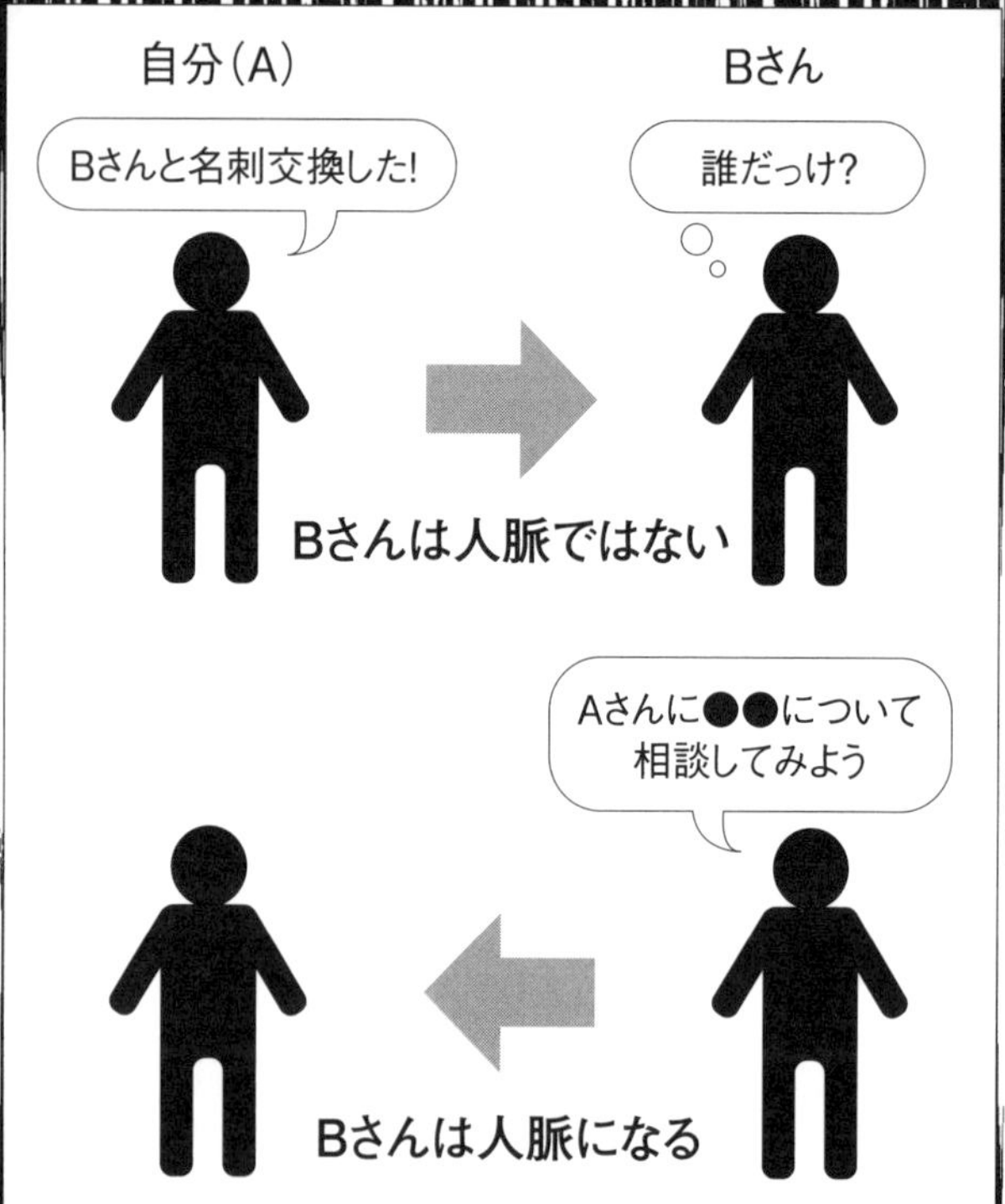
自分（A）
Bさん
Bさんと名刺交換した!
誰だっけ?
Bさんは人脈ではない
Aさんに●●について
相談してみよう
Bさんは人脈になる

【人脈はどうできるか？】

以前、ある上場企業の経営者の方に「人脈をつくるために必要なことはなんだとお考えですか？」と質問をしました。その方がおっしゃったのは、

「自分を高めること。それだけ」

でした。

経営者のパーティーに出ることでもなく、先輩経営者から紹介してもらうことでもなく、権力者と会うことでもなく、ただ単に「自分を高めること」とおっしゃったことがとても印象的でした。

「誰と名刺交換した」とか、「フェイスブックで○○さんと〝友達〟になった」と言ってそれを「人脈」と捉えている人もいますが、そんなものはまったく意味がありません。それは、相手にとって「群衆の中の一人」だからです。自分が〝ひとかどの人間〟にならなければ、相手は気にとめてさえもくれません。

人脈は、つくるものではなく惹きつけるもの

こう考えていくと、「人脈をつくる」という表現は適切ではないと気づきます。人脈は、自分が知り合いを増やすという観点ではなく、「相手が自分に一目置く」とい

う状態を目指して初めて形成されるのです。

となると、人脈をつくるのではなく、「相手を惹きつける」という視点を持たなければいけません。

相手が自分に価値を感じてくれれば、必然的に自分の周りに人が集まってきます。自分が何かをやろうとしたときに、協力してくれる人が増えます。それこそが、あなたを助ける財産になるのです。

相手が自分に価値を感じるということは、つまりは「相手には自分といるとメリットがある」ということです。つまり、自分が相手にとって「役に立つ存在」でなければいけません。

そういうと、ただ単に他人に都合よく使われる人のように思うかもしれませんが、違います。

他人の役に立とうとする「いい人」は、理念的には素晴らしいことですが、それで身を削り、奴隷のように使われる結果になっている人も大勢います。それではいけません。

単に「いい人」になればいいということではありません。それこそ、お手伝いさんのように全面的に、なんでもかんでも相手に尽くせばいいというものでもありません。

相手を惹きつける、相手の役に立つときに大切なのは**「相手ができないことを穴埋**

めする」という視点です。

相手が〝自分でもできるけど面倒なこと〟があったとします。これをあなたが引き受けてしまうと、それは単なるコマ使いになります。その仕事は、相手もできるので、あなたがいなくなっても、それほど痛くはないからです。そのため、あなたがやる仕事もそれほど重視しません。

たとえば、会社に来た郵便物を、郵便受けからデスクまで持ってきてくれる人がいたとしましょう。郵便受けまで取りに行くのは確かに面倒なので、その人が持ってきてくれるのはとても助かります。

ただ、自分で取りに行こうと思えばできます。だとしたら、それほど重要な仕事と思われないのも納得いただけると思います。あなたは単なる「便利屋」になってしまうのです。

しかし、もしあなたが「相手ができないこと」を代わりにやっていたらどうでしょう？

相手はあなたがいなければ困ります。もしかしたら、ビジネスが成立しないかもしれません。もしくは、あなたがいることで相手のビジネスが飛躍しているかもしれません。そういうポイントで相手の人脈になるのです。

そんな安っぽい……
役に立たない友情でいい……！
いや……
役に立つ友情なんていうのが……
そもそもおかしい……
そっちの方がよっぽど眉唾《まゆつば》だ……！
求めちゃいけないっ……！
そんなもの……！
オレは「思い」だけでいい……！
ありがとう……
ありがとうみんな……！

カイジは何度も裏切られているが「友情」を信じている。友情は「メリット」ではないと考えているからこそカイジは友を大切にできるのかもしれない。

人脈をつくるには、自分が誰に対して、どのような点で「穴埋め」となり得るか、それを見つけ出すところからです。

この世には、使ってはいけない〝カード〟がある

この社会で、生き延びるのは大変なことです。できることなら、楽に手っ取り早く儲けられるほうがいい。けれど、その気持ちが強くなりすぎると、目先のことしか見えなくなることがあります。

そして自分でも気づかないうちに、超えてはならない「一線」を超えてしまう人がいます。そうして人は、あっという間に転がり落ちていきます。

生きる希望をギャンブルに使っちゃいけないだろう……とツッコミたくなる。この本の読者は「かけがけのない命の灯」を決して使うことのないように願いたい。

たとえば、女性が、水商売・風俗・アダルト商品で稼ごうと思えば、すぐにお金を稼ぐことができます。他の仕事では決してもらえないような金額を手にできるかもしれません。

けれど、自分の中で超えてはいけない一線の向こう側にあるとしたら、その仕事はやるべきではありません。それは「使ってはいけないカード（選択肢）」なのです。水商売だからやってはいけないということではありません。その仕事に対して、誇りを持っているのなら、まったく問題ありません。

ただ、もし自分の中で「一線を超えている仕事」だとしたら、自分の心に背いているとしたら、それは手をつけてはいけない職業です。

カイジが、帝愛グループとのかかわりを持ってしまったのは、気軽に借金の保証人になってしまったからです。また坂崎が言う通り、裏カジノのパチンコ「沼」に大金をつぎこんで、無一文になり、借金を抱え、人生を終わらせた人も大勢いたでしょう。

私たちが生きているのは、自己管理を過酷に求められる社会です。成功するのも自由、失敗して転落するのも「各自の自由」です。そのため、**もし〝一線〟を超えて転落をしたら、誰も助けてはくれません。**一気に底まで転がり落ちてしまうかもしれま

せん。

今や、誰もがちょっとしたきっかけで、人生を転がり落ちてしまう時代です。「自己管理」は、言い換えればこの「使ってはいけないカード」を自分で死守することに他なりません。

もちろん、最初から人生を賭けた勝負に出る人はほとんどいません。というより、人生を賭けることになるなんて思いもしなかったという人がほとんどでしょう。みんな後に引けなくなり、追い込まれて人生をかけてしまうのです。

しかし、人生をかけなければいけないくらいまで自分を追い込んだのは、まぎれもなく最初に**「使ってはいけないカード」**を使ってしまったことなのです。


「当座がしのげるし、これが一番手っ取り早いから」


そう思って〝一線〟を超えていきます。その〝一線〟は、自分の人生が苦しくなればなるほど、魅力的な即効薬に見えてしまいます。そこに逃げれば、当座はしのげます。「今回だけ」と考えて、多くの人が一線を超えていきます。エスポワール号に乗っていた人たちも、最初はそんな気軽な気持ちだったと思います。

しかし、当座をしのいだ後に、再び「線」を超えて戻ってくることはかなり難しい

カイジくんの最低の張りは
「2」だったんじゃないのか…………?
ほんのちょっと前
人の忠告を無視して
「2」張っておいて……
皇帝
もう降参か……?
あ〜〜〜〜〜ん……?
ERS

利根川の忠告を無視して大きな「張り」をしてしまったカイジ。安全領域がなくなり、自分の「鼓膜」を賭けて戦わねばならなくなった。

ことです。

一度踏み入れたら、自力では戻れません。そして、自己管理が求められる社会では、周りが必死になって助けてくれることはありません。「使ってはいけないカード」は魅力的に見えます。しかしそれは最後の最後まで手離してはいけない生命線なのです。

みなさんはそれぞれ、「使ってはいけないカード」を持っています。それをしっかりと守って生きなければいけません。

第3章

自分を否定したら、人生は終わる

あ〜〜〜〜〜〜楽しかった……！

みんなが欲しがるものを捨ててみる

人生を変えるためには、「今までと違う考え方」や「今までと違う行動」をしなければいけません。

これからの時代、人と同じことをやっていても、生きていけません。しかし人と同じことをしていれば、なんとなく安心感があります。逆に人と違うことをすると、目立ち、賛同してもらえず、非難の対象になることがあります。

これまでは、〝一億総中流〟と揶揄されるほど社会が画一的で、個々人の考え方にもそれほど大きな差はありませんでした。そのため、少なくとも自分の身の回りだけで考えれば「みんなと一緒」ということができたかもしれません。

ですがこれからは違います。人々の価値観は、これからますます多様化していきます。**その中で「みんなと一緒でいたい」と思うと、それは単なる八方美人で、結局誰からも賛同してもらえなくなるでしょう。**

「みんなと一緒」の商品は、もはやなんの特徴もなく、なんの個性もありません。そのような商品は、コモディティに成り下がり、安く買いたたかれてしまうでしょう。

これから必要なのは、「みんなと一緒」ではなく、**「自分だけ違う」**です。

これはいろいろな場面で語られています。「そんなことはわかってる」と感じた方も多いと思います。

ですが、耳にタコができるくらい言われていることが、なお言われつづけています。

これだけ言われているのに、相変わらず「みんなと一緒」でいるからです。

なぜでしょうか?

それは、**「人と同じでありたい」と思う感情が、人間の根本的かつ最大の欲求とつながっているからです。**

かつて、アダム・スミスはこう言いました。


(意訳)

自分が感じている激しい感情に、周囲が同意・賛同してくれることほど嬉しいことはない。逆に、全く賛同してくれない時ほど悲しく、不愉快に感じることはない。

(原文)

「他人がわれわれの胸中に燃え立つあらゆる情緒に対して同類感情を示すのを見ることほど愉快なものはなく、これに反して、他人が冷やかに何らの感情をも示さないのを見ることほど不愉快なものはない」(『道徳情操論』P51)

経済学の父と言われているアダム・スミスは、じつは道徳哲学者でした。どうすれば人が幸福に生きられるか、どうすれば幸せな社会がつくれるかを考え抜き、その手段のひとつとして「富がなければいけない」という結論に至りました。だから経済学をつくったのです。そういう意味で、アダム・スミスは道徳哲学者なのです。

そして、アダム・スミスは、「同感(同類感情)」というキーワードを出し、この「同

感」を得られることを人間は切に願っていると分析しました。つまり**「人間は周囲から是認されたくてしかたがない生き物だ」**ということです。

フェイスブックで「いいね！」をたくさんもらうために、必死になっている人がいます。それは、自分の発言に賛同してもらいたい、自分に共感してもらいたいと思っているからです。

そして、スミスは、**その欲求が人間の「本質的」で、「最大」の欲求である**と説きました。

人が他人と同じ行動をするのは、この感情があるからです。

同じ行動をしていれば、少なくともその人たちからは批判されません。同じ行動をしていれば、「私も君も一緒だね」と思えるからです。

この「賛同してもらいたい」という欲求は誰しもが持っています。しかし、多くの人はそれを明確に意識していません。「いいえ、そんなことは気にしていません」と、そのような欲求を持っていることを否定すらします。

もしくは、「賛同してもらいたい、共感してもらいたい」と思う気持ちを、カッコよく「承認欲求」「評価欲求」と言い換えて捉えています。自分の行為は価値があると思いたいのです。

しかし、その実体は、「承認欲求」「評価欲求」ではありません。「賛同欲求」です。「人と同じ意見でありたい」と願う気持ちなのです。しかし、そういうと非常に稚拙に聞こえるため、多くの人は認めません。

そして、「いいえ、私は単に評価されたいだけです。私が行った（正しい）行動を、承認してもらいたいだけです」といいます。

本質的な部分から目をそむけ、「人と同意見でありたい」と自分が感じていることを隠しているから、結局いつまでたっても、根本を変えることができず、行動も変えることができないのです。

「人と同じでいたい」という欲が自分を縛っている

アダム・スミスが言うように「賛同欲求」は、人間の本質的でかつ最大の欲求です。人間は、「周りと同意見だといいな」と考えて生きているものです。まず、賛同欲求を持っていることを認めてください。

ですが、これからの時代、**この本質的な欲求があることで、自分の生き方を窮屈にしてしまうことがあります。**だから、その賛同欲求を捨てなければいけません。

周りと同じ意見であることを望めば、必然的に、周りを気にして生きることになり

ます。自分がどう思うかや、自分が考えている内容が正しいかどうかではなく、単に周りと一緒かどうかだけを考えていくことになります。

この生き方はとてもしんどいです。


また、周りと同じことを考えていたら、周りと同じように、ずるずると流されていきます。それでは人生を変えることができません。

人が人生を変えるために、真っ先に考えなければいけないことは「みんなと一緒でいたいと願う気持ちを捨てる」ということなのかもしれません。

「他人と違う道を歩む勇気を持て」ではなく、もっと根本的な部分、つまり「他人と同意見でありたいと思う感情を捨てろ」と言わなければいけません。

「〝変〟だと思われるかもしれない」と不安になるかもしれません。でも、〝変〟でいいのです。変わっていなければ、人と違うところがなければ、その他大勢と比べて逸脱していなければ、生き残っていかれないのです。


もともと、人間は一人ひとり違います。人と違うのが当たり前です。

かつて日本人は、「一億総中流」といわれました。みんなと同じエレベーターが用意され、みんなと同じように○○歳で結婚、○○歳で子どもが生まれ、○○歳で家を

イジがギャンブルに勝つときは、誰もしないような突拍子もない考えが浮かんだときである。帝愛グループと
う「狂人」を打つためには、狂人でなければならないのだ

買って、〇〇歳で定年退職をして……という人生を歩んでいました。しかしこれからは、そのエレベーターはありません。

つまりこれからは、人と違うことが評価されますし、人と違っていていいのです。むしろ、**人と違うからこそ、あなたが活きるのです。**

目標がなくなることが、本当の困難

日本人は、戦後の焼け野原から圧倒的なスピードで復興させました。高度成長期には、「追いつけ、追い越せ」をスローガンに、一心不乱に働き、日本経済をつくってきました。

このときは、目指すべき上がありました。

ですが、経済が発展していくにつれて、日本人はやがて目標を失っていきました。

バブル経済とその崩壊を経験し、その後の「失われた20年」を過ぎ、いま日本人は自分で何をしていいのかわからなくなっているのでは、と感じます。

最近、経済的な理由で自殺に追い込まれる人が増えているという統計があります。日本人の自殺者数の統計をみると、バブル崩壊以降、一気に増えました。ただ、ここで考えなければいけないのは、高度成長期よりも現在のほうが、生活は豊かになり、所得は増えているということです。客観的に見れば、あきらかに今のほうが幸せな暮らしができる環境にあります。

なのに、自殺者は現在のほうが圧倒的に多い。

20世紀前半に起きた世界恐慌の時代に活躍したケインズは、いわゆる天才で、現代の「マクロ経済学」をつくった人物でもあります。

彼は「先進国では、大きな戦争がなければ半世紀後に貧困の問題は解決する」としながらも、人類が直面する新たな問題を提示しています。

その問題とは、**「目標を失うこと」**です。

人間は、地球上に誕生してからこれまでずっと〝より豊かな生活〟を目指してきました。より豊かな生活を送ることが人間の目標であったといっても、過言ではないのです。しかし、現代ではもはや目標とすべき「上」がありません。

ここで人間はこれまで経験したことのない喪失感を抱くようになりました。

実際にケインズのいうとおりに貧困問題が解決するかどうかは別にして、ここでケインズ自身が言いたかったのは、「経済的な問題よりも、目標を失うという人間個人の喪失感のほうが深刻な問題である」ということです。

そして、まさに私たちは今、その課題に直面しているのです。

まだ何者でもない自分に期待しろ

経済が成長し、社会が成熟してくるに従って、ビジネスパーソンは目標を持ちづらくなります。いま、日本はまさにそのような状態です。

ただ、日本人が目標を持っていないのは、環境のせいだけではありません。**自分に期待しないのが大きな原因のひとつです。**

私は、多くの人が、自分に期待していないと感じています。

「敢えて期待していない」と言ったほうがいいかもしれません。単に「期待していない」のではなく、「敢えて、自分にはできない」と思うようにしているのです。そしてそれを、〝チャレンジしない言い訳〟にしているのです。

「そうじゃない、自分が期待を持てないのは、こんな時代だからだ」

そう思いたくなる気持ちもわかります。でも違うと思います。

またイメージしてみてください。世の中に、あなた一人しかいなかったとします。それでもあなたは、これをやってみよう、これにチャレンジしてみようとは考えませんか？

自分しかいないのに、「これをやってもできないかもしれないなぁ、だからやめておこう」と思うでしょうか？　そうは考えないはずです。失敗を恐れるのは、他人の

話にならねえっ……！
前向きのバカならまだ可能性はあるが
後ろ向きのバカは可能性すらゼロ……
言い切ってやらあっ……！
おまえは100%成功しないタイプ……！
……
ぐっ……！
本当のことさ……
なーにが程《ほど》だっ笑わせるんじゃない……！
おまえのはそんなんじゃないっ……！
ただ小心なだけだっ……！
小心が高じて脳まで退化してやがるのよ
生きてる人間としちゃまず最低さ

会議室や居酒屋など、敵のいない安全な場所では偉そうなことを言っていても、いざ何かに挑戦するとなると目があるからです。そして、他人の目を恐れるのは、自分の評価やイメージが下がると思っているからです。

期待しなければ、チャレンジして失敗することがありません。そして、失敗しなければ、落胆したり、傷ついたりすることがありません。そして、周りから「あの人、失敗した」と後ろ指を指されずに済みます。

だから、自分に期待せず、チャレンジもしないのです。

人が目標を持たない、自分に期待しない理由は、社会環境が悪いからではありません。実際は、「自分が傷つきたくないから」です。

「どうせオレなんて」「ワタシには無理」と言っていれば、明確な負けがつかなくて済みます。そうやって、自分を守っているんです。

「時間がない」で自分を騙すな

「時間がない」と言っている人も同じです。「本を読みたいけど、時間がない」「運動したいけど、時間がない」。これは、失敗をしたくない人の言い訳です。

「時間がない」ということは、「時間さえあれば、できる」ということですね。「自分ができないのは、時間がないからだ。自分にはそれをやる能力も意思もあるが、時間がないから仕方ないんだ。自分のせいじゃない」と一生懸命言い聞かせています。

でも、それが嘘であることはすぐにわかります。「本を読む時間がない」と言っている人が通勤電車の中でスマホをいじっている光景は、みなさん見たことがあるのではないでしょうか？

時間がないのではありません。やってみて挫折するのが怖い、やってみて何も成果が出ないのが怖いのです。**「自分はまだ本気を出していない」と余裕ぶることで、〝査定〟されることから逃げているのです。**

ブレイブメン・ロードの挑戦者たちの様子を見て、利根川はこう語りました。

「現実《こんなもの》が……自分の本当のはずがない……奴らはそう思いたいんだ……30になろうと40になろうと奴らは言い続ける……自分の人生の本番はまだ先なんだと……！　「本当のオレ」を使ってないから今はこの程度なのだと……そう飽きず言い続け……結局は……老い……死ぬっ……！　その間際いやでも気が付くだろう……今まで生きてきたすべてが丸ごと「本物」だったことを……！　人は……仮になど生きていないし仮に死ぬこともできぬ　当然だ……問題は……その当然に気付いているかどうか……真に覚醒してるかどうかだっ……！」

まさに、自分に言い訳している人たちの心理をついた言葉だと思います。

誰もが、常に「失敗」している

失敗したら自分の持ち点が減るという減点思考を持っていると、自分に期待しづらくなっていきます。チャレンジしなければ失敗しないからです。よほど自信がなければ、チャレンジしようとしないのです。

たしかに、負けること、失敗することはいい気分ではありません。悔しいでしょう。その感情は正しいと思いますし、それは真剣に勝とうとした証拠です。むしろ好ましい感情だとさえ言えます。

ここでぜひ知っていただきたいのは、「誰もが失敗している」ということです。これは「誰もが失敗を経験してきた」ではありません。**誰もが、現在進行形で「今失敗している」のです。**

今をときめくインターネット企業も、新規事業への参入と退出を繰り返しています。メディアで華々しく活躍が報じられているため、すべてがうまくいっているように思うかもしれません。しかしそうではありません。

まずやってみて、失敗したら手を引くというトライ＆エラーを続けているのです。最初からすべての〝正しい道〟が見えている人などいないのです。

私も独立して、これを痛感しています。

私は、2013年に一般社団法人を立ち上げ、〝難しいことをわかりやすく説明する力〟を身につける「説明力養成講座」を主催しています。

もともと、サラリーマンを辞めたときには、「これからは作家として生きていこう」と決めていました。本や連載を執筆することは慣れていましたが、人前で講演したり、ましてや自分で講座を企画して、集客し、開催するなど、まったく門外漢でした。

それこそ、どこで会場を予約すればいいのか、そもそもどんな会場を選べばいいのか、値段はいくらが妥当なのか、資料はどうやって作るのか、など手探り状態でした。

それでもなんとかいろいろ勉強し、2011年の春に2時間の講座を開催することができました。それなりに準備し、がんばって作り上げたつもりでしたが、いざ実施してみると、数え切れないほどの課題が見つかり、自分の至らなさを痛感する結果になりました。

その課題をひとつずつ解決し、その次も開催しました。しかし、また新たな課題が出てきます。その次も同じです。

ひとつの課題をクリアーし、ひとつのことができるようになると、必ず新しい課題が見えてきます。つまり、それほど未完成の状態からスタートしているのです。

挑戦する人は必ず気づいている。チャンスの扉は人に閉じられるのではない。扉はつねに開いているが自分がそこに入っていけないだけだと。

他人を見て「すごいなぁ」と思っていても、実際はその人も完璧とは程遠いのです。本人も「完璧から程遠い」ということを知りながらやっています。

自分にはあんなすごいことはできない、自分はそんなにすごくないと卑下する必要はありません。みんな失敗しながら、少しずつ改善をしているのです。

チャレンジすることが怖い人は、往々にして「完璧」を求めています。完璧じゃないといけないと思っています。しかしそんなことはありません。

行動している人たちは、行動しながらどんどん改善をしています。見方を変えると、「最初はダメダメだった」ということです。

「鉄人28号」は、28番目の鉄人です。27号が故障したり、敵に負けたりしたので、その弱点を補強して28号ができているはずです。と考えると、27号は、28号よりも弱かったことになります。そして、26号はもっと弱い、15号はずっと弱い。「鉄人1号」なんて、もしかしたら空き缶でできていたんじゃないか、とも思えます。

もちろん、これは冗談ですが、最初はそれくらい未完成なものなのです。

最初は適当でいいということではありません。本人たちは、「これで完璧」と思って、本気でスタートします。しかし、実際動いてみると、うまくいかないところが多かったり、機能しなかったり、たくさんの不具合があります。それが当たり前なのです。

「まだ完璧じゃないから」と言って、チャレンジをしなければ、前に進めません。逆に「もう完璧」と思ったとしても、前に進むといろいろな課題が見えてくるものです。いずれにしても「完璧」などあり得ません。であれば、完璧でないことを恐れる必要はないのです。

自分の居場所は「複数」持て！

前作『カイジ「勝つべくして勝つ！」働き方の話』で、ブラック企業が生まれる背景について解説をしました。

企業がブラックになるのは、その企業（経営者）の体質だけでなく、従業員のマインドにも原因があります（従業員に非があるのではなく、単に「原因がある」ということです）。従業員たちが「自分には、この会社しかない、ほかに行く会社がない」と思っていると、企業は、労働条件をいくらでも悪くできてしまうのです。

その結果、長時間労働、極端なノルマ、契約違反など、労働者は会社の都合がいいように使われてしまうのです。「自分には、この会社しかない」と思い、逃げられなくなることが、ブラック企業を成立させているのです。ブラック企業が「従業員のせい」なのではありません。従業員がそういう考え方をしていると、ブラック経営者がブラック企業をつくれてしまうのです。

つまり、ここでしか働けないと思うことが、自分自身を追いこんでしまっているわけです。それを避けるためにはどうすればいいか？

「ブラック企業を見極める目が必要」と言われることもありますが、個人的にはそれでは問題は解決しないと思います。「見極める」と言っても限界がありますし、会社としてはホワイトでも、直属の上司がブラックである可能性も十分あるからです（むしろ、そのケースのほうが多いです）。

本質的な解決策は**「他に選択肢を持つこと」**です。就職した先がブラック企業だったら、「あ、じゃあ辞めますね。違う会社に就職します」と言えることです。

そして、この「他に選択肢がある」という気持ちが余裕を生み、会社組織への隷属を避けるのです。


じつは、同じことが社会にも言えます。


周囲と違う考え方をしたいと思いながら、「仲間外れにされたらどうしよう」「嫌われたらどうしよう」「変だと思われたらどうしよう」と考えています。

だからできないんです。

そして、その根本にあるのは、「自分が生きていく社会はここしかない」という考えです。**自分の居場所はここにしかないと思うから、そこでリスクを取ることができないのです。**


たまたま参加した1週間の合宿勉強会やイベントをイメージしてください。勉強会やイベントが開催されている間、その場は立派な社会です。

でも、その中で、周りに気に入られようとして必死にがんばることはしません。少なくとも、「ここにいる人たちに嫌われたら自分は生きていかれない」とは思わない

はずです。というのは、その〝社会〟の中で生きていくつもりがないからです。もし合わなくても〝帰る場所〟があり、〝帰る場所〟があるから、必要以上に周りの目を気にしないのです。

しかし、自分が帰属している社会がひとつしかないと思っていたら、一生懸命しがみつくことになります。

かつて〝村八分〟という言葉がありました。村八分とは、江戸時代以降、村落で行われた〝仲間外れ〟のルールです。村のおきてに従わないものに対して、村全体で仲間外れにします。二分（葬式と消防）以外は断絶することから、〝村八分〟と呼ばれました。

かつて、この〝村八分〟は強い意味を持っていました。それは、その〝村〟が唯一の所属社会だったからです。その社会の中で村八分にされるということは、世界と断絶することを意味していました。それくらい重大なことだったのです。

しかし現在、もし同じ制度が残っていたとしても、ほとんど効力はないでしょう。

現代の都会で、町内会で村八分ならぬ〝町八分〟にされたところで、痛くもかゆくもありません。〝町八分〟を言い渡されたとしたら、笑ってしまうかもしれません。

都会に住んでいる人は、ほぼ例外なく町内会とは別の共同体にも属しており、会社や趣味サークルなど、ほかに居場所があるからです。
だから町内会で〝町八分〟にされたところで、まったく気にしません。多少、ご近所付き合いが気まずくなる程度です。〝町八分〟にされないように、周りと歩調を合わせることもありません。

帰る場所があれば、過度に周囲の目を気にする必要はないのです。そして、自分を押し殺して他人に合わせる必要はないのです。

本質的に、人間は「他人と同じ考えをしていたい」と考えている動物です。そして、自分が属している社会がたったひとつしかなければ、より強くそう思うでしょう。そこ以外で「他の人と同じ考え」をすることはできませんので、その社会と、周囲の人々への従属はより強くなります。

これが、あなたの人生を窮屈に、生きづらくしているのです。
人の目を過度に気にしてしまう、結果的に周りの人と違う判断ができない。

もしかしたら、その原因のひとつは、自分自身にあるかもしれません。というより、**自分が居場所を複数確保することで、自分の気持ちが変わり、余裕を持つことができ、**

窮屈にならないようにできます。

たとえば、社会人サークルや勉強会コミュニティに入ることも「居場所をつくること」になります。何でも話せる友人グループを持っていたら、そこが〝帰る場所〟になります。そんな場所をつくることが、これからの時代とても大切になるのです。

「好きなことをして生きる」という考えの落とし穴

「好きなことだけをして生きる」

それが理想の生き方・働き方だと思っている人は多いかもしれません。私も、基本的にはこの考えに賛成です。どうせやるなら好きなことをして、それでお金を稼いだほうがいい。いくら給料がよくても、嫌な仕事をしつづけて人生を終えるのは嫌です。

でも、好きなことだけをして生きたいと言っている人たちに、以前から私は少し違和感を覚えています。

以前、「働き方」をテーマにした講演に来てくださった方からこんなことを言われたことがあります。「木暮さんは好きなことができていいですね、うらやましいです」

また、サラリーマン時代の同僚と飲みに行ったときに、こんなことを言われました。「お前はうまくやったよな、ずるいよ」

たしかに私は、2009年に「本を書いて生きていこう」と決心して、会社を辞めました。独立してからは、毎年5冊程度のペースで本を書き、その印税で生活をしています。

最近では、本をきっかけとして、テレビにコメンテーターとして出演したり、社員研修や講演の依頼もいただくようになりました。

サラリーマン時代と比べると、生活はガラリと変わりました。

たしかに私は、文章を書くことが好きです。会社員時代よりも、今のほうが圧倒的に好きな仕事をしています。また、朝が苦手なので、「(その気になれば)いつまでも寝ていられる生活」は理想と言えるかもしれません。

でも、人から「うらやましい」とか「ずるい」と言われると不思議な気持ちがします。なぜなら私は、好きなことを仕事にし、好きなように生きてはいますが、楽なことをしているわけではないからです。

今は、土日祝日関係なく仕事があります。空いた時間には原稿を書いたり、講演の準備をしたり、次のビジネスの企画を考えたりしています。労働時間は、サラリーマン時代の2倍ぐらいになっている感覚があります。

また、万一、風邪をひいてしまったら、代わりがいません。インフルエンザなど、もってのほかです。講演の予定が入っている日にインフルエンザにかかったら、などと想像するとぞっとします。

そのため、サラリーマンのころよりもずっと食べ物や睡眠に気を使い、全体的にものすごく〝緊張感〟のある生活をしています。

決して〝楽〟ではありません。『カイジ「勝つべくして勝つ！」働き方の話』では、福本伸行先生の〝快〟と〝楽〟の定義について書きました。

簡単に言うと、こういうことです。

人生の喜びには、〝快〟と〝楽〟がある。努力して、必死にがんばって成功し、達成感を味わったときの喜びが〝快〟。家で横になって、ビールを飲みながらナイターを見るのが〝楽〟。

〝楽〟を追求していると、やがてはお金がなくなります。また、ずっと堕落した生活を送っていると、それはそれで飽きてきます。〝楽〟を続けることはできません。

人生の喜びを得るには〝快〟を目指すしかないというのが、私の結論です。

ただ、〝快〟には努力が伴います。苦痛も伴います。

好きなことをして生きていくといっても、すべてが思い通りにいくわけではありません。どんなときも笑っていられるわけではありません。失敗して悔しい想いをしたり、挫折することもあります。

それを含めての「好きなことをして生きる」なのです。決して、のほほんと生きられるわけではありません。

私がお伝えしたいのは、「好きなことをして生きるなんて意味がない、そんなことは目指さないほうがいい」ということではありません。

むしろ逆で、すべての人に目指してほしいと思っています。

ただ、決してユートピアではないということは知らなければいけません。好きなことをして生きるための〝準備段階〟で苦しいことがある、のではなく、**好きなことをして生きているまさにそのときにも、常に苦しいことはある**ということを、ぜひ知ってください。

そして、それを知ったうえで、ぜひ好きなことをして生きてほしいと思っています。

誰かに貢献している人は、滅びない

『資本論』を書いたカール・マルクスが示唆したように、**資本主義が進んだ社会では、個人がどんどん孤立してきます。**〝人間味〟がある役割が小さくなる一方で、会社の歯車となり、機械的に働かなければいけなくなります。

自分が所属している企業やプロジェクトが大きくなればなるほど、自分の役割はその中のほんの一部になり、自分が手掛けたとはもはや考えづらくなるでしょう。

たとえば、みなさんが使っているパソコンを考えてください。そのパソコンに提供者の立場で関わっている人は、それこそごまんといます。

商品を企画する人、設計する人、ひとつひとつの部品をつくる人、その部品を調達する人、組み立てる人、デザインする人、営業する人、実際に売る小売店に立つ人などなど。数え上げればきりがありません。

業務が細かく分けられ、分業が進んでいるわけです。分業が進めば、それだけ作業が効率的になります。全員がそれぞれ単独ですべての工程を担当するよりも、役割分担をし、自分の分野に特化したほうが、圧倒的に作業効率は上がります。

しかし同時に、労働者としては、自分の貢献度がわかりづらくなるという逆効果が発生します。

その商品に関わっていることは確かです。しかし、担当している範囲が狭すぎるので、どうしても「自分がやった！」「世の中の役に立っている！」と実感しづらいのです。

自分がやった！　と感じられなくなると、仕事における自分の存在意義や自己重要感がわからなくなりがちです。自分がやらなくても、この商品は問題なく発売されるだろうし、何も役に立ってないかも……と思ってしまうのです。

〝オレオレ詐欺〟ならぬ〝あれオレ詐欺〟を働く人が出てくるのは、その典型的な反動です。圧倒的なヒット商品が出たり、目からうろこの新商品が出て世の中の注目を集めると、「あの商品、俺が手掛けたんだよ」という人が必ず出てきます。ほんの一部しか担当していないのに、あたかもすべて自分のおかげのように〝あれ、オレ〟というのです。

過度に自分をアピールするのは、自信がないからです。もともと「自分がこの商品を生みだすのに一役買った」と思える人は、過剰なアピールはしません。〝あれオレ詐欺〟は、自分の存在意義を確認できていない表れなのです。

缶コーヒーのテレビCMで、「この世界は誰がつくっているの？」と子どもが父親に質問するシーンがあります。父親が少し返答に困っていると、周りにいる大人たちが「オレだよ」「いや、俺だ」「いやいや、俺でしょ」と口々に言います。自信を持って。みんな自分が社会に貢献していることを自覚し誇りを持ち、「自分が世界をつくっている」と言っています。

そして最後に、父親は自分の重要性に改めて気づき「いや……、俺だ！」と言うのです。

「この世界は誰がつくっているの?」

この問いに対して、「いやいや、わたしなんて……」と言ってしまう人と、少なくとも心の中では「自分だ」と言い切れる人と、どちらが幸せな生き方だと思いますか?

「ごめんなさい」より「ありがとう」が人を動かす

日本人は、「ごめんなさい」と言うのが「得意」です。心からの謝罪ではなく、日常的にただ言葉として「ごめんなさい」と言います。言い間違えたら、「ごめんなさい」。道を開けてほしいときも「ごめんなさい」。人の前を横切るときも「ごめんなさい」です。

挨拶で言う「ごめんください」も、もともとは許しを請う「御免させてください」の意味です。

ですが、考えてみると、そんなに謝らなければいけない内容ではありません。多少は他人に影響を与えているかもしれませんが、謝罪が必要なことでもありません。

でも、何かにつけて謝ります。

以前、卓球選手の福原愛さんとプロテニス選手の錦織圭さんの「熱愛報道」があったとき、記者会見で福原さんが謝っていたことに私は強烈な違和感を覚えました。

彼女は晴れない表情で、「お騒がせして申し訳ございませんでした」と言っていました。

何を謝る必要があるのでしょうか？

何か悪いことをしたのでしょうか？　誰かに迷惑をかけたのでしょうか？

私は恋愛の専門家でもなんでもありませんが、人間が恋愛して「謝罪」が必要であれば、人類の存在自体を否定することになってしまうと思います。

私は大学で中国語の授業を取っていました。そこで中国人の先生が言った言葉が今でも頭に残っています。「日本人は、なんでもかんでも謝りすぎる」

謝る文化には、相手の気持ちに想いを馳せ、相手に心を配るという背景もあります。

日本人の素晴らしいところが活きている文化だと思います。
ただ、それにしても日本人は謝りすぎだと思います。

当初は、「Excuse me.（ちょっと、失礼）」という意味合いで使っていた部分も大きいでしょう。でも、あまりにも謝罪に慣れてしまい、頻繁に使っているうちに、「ごめんなさい」しか言えなくなります。そしてやがて、「I'm sorry.」と区別がつかなくなっているように思います。そしていつのまにか「自分が悪い、人に迷惑をかけている」という感覚に陥ってしまいます。謝りすぎることで、窮屈な生き方になっていると思うのです。

「ありがとう」は相手の存在意義を確認する言葉

人々が小さい歯車と化した現代では、より他人との関係性を確認することが重要になっています。自分がその商品、そのプロジェクトを担当したと言い切れないため、自分が他人の役に立っているのかを、より強く明確に捉えたいとみんなが思っています。そしてそれを確認する一番いい方法は「ありがとう」を聞くことです。

だから、あなたが周囲にそれをしてあげてください。

「ごめんなさい」の代わりに「ありがとう」と言ってみてください。

誰かがモノを取ってくれたら、「あ、ごめん」ではなく、「ありがとう」。

エレベーターのボタンを代わりに押してくれた人には「すいません、7階お願いします」ではなく、「7階お願いします。ありがとうございます」。

待ち合わせに遅刻したら、「遅れてごめん」ではなく、「待っていてくれて、ありがとう」。

仕事で同僚に迷惑をかけたら、「ごめんなさい」ではなく「フォローしてくれて、見守ってくれて、ありがとう」。

道路工事の現場では、通行人に対して「ご迷惑をおかけして申し訳ございません」ではなく、「ご協力ありがとうございます」と言う。

彼女や奥さんに対して「こんなオレでごめん」という代わりに、「こんなオレと一緒にいてくれてありがとう」と言う。

もともと、それほど大した迷惑をかけていません。ましてや「心からの謝罪」が必要なことでもありません。それであれば、代わりに「ありがとう」と言ってはいかがでしょうか。

考えてみると、「ごめん」は、**自分のマイナスをなんとか埋めようとする言葉です。**本来してはいけないことをしてしまった。本来迷惑をかけるべきではなかったのにかけてしまった。本来は、完璧なことをして、100点満点をとるべきだったのに、それができなかった。それを埋めようとしているのです。

それに対して「ありがとう」は、いたらない自分を受け入れてくれる周囲を大事にする言葉、他人がしてくれたことに対する感謝の言葉です。

もともと、「人間万事〝お互い様〟」です。人間は生きていれば、必ず誰かに〝迷惑〟をかけています。自分が生きているだけで、資源を使います。生きているだけで他人の時間を奪います。たったひとりで生きていける人はいません。それは裏を返すと、周りが助けてくれているということです。見方を変えると周りに〝迷惑〟をかけているのです。

とはいえ、〝迷惑〟をかけるのを止めることはできません。

人間が生きていれば、必ずお互いに迷惑をかけています。〝お互い様〟なのです。

〝お互い様〟だと理解していれば、相手からの謝罪も不要になります。

そして、その謝罪の代わりに「ありがとう」と言い、相手が自分の存在意義を確認できるようにしてあげたほうがいいと思います。

こうすることで、人々はお互いに自分が大切な人間であることを確認できます。そして、**あなたが発した「ありがとう」は必ず、あなたの存在を認める「ありがとう」として返ってくるはずです。**

自分の人生を変えるために、まずは他人に「ありがとう」を投げかけてみてください。

自分がどんどん小さくなる時代

仕事を分業し、細切れにすることで、生産効率を上げることができます。そのため、企業は積極的に分業を取り入れていきます。

しかし一方、分業が導入されると個人間の関わりを薄くしてしまいます。そして、個人が全体の中で歯車化し、自分がやっていることの〝意味〟づけが難しくなります。資本主義の中で、企業が〝効率〟を求めれば求めるほど、分業が進み、**その結果として個人が自分の重要性を感じづらくなるのです。**

また、年功序列や学歴主義が崩壊し、社会の〝階級システム〟が崩れていくと、個人個人が自分の判断で自己実現をしていくように求められます。「これからは、自分次第です！」と。

しかし、これまで分業が進み、個人は歯車化しています。個人は会社の中で、また社会の中でほんの一部分を担当する歯車になっているわけです。

資本主義の中で生き残るためには、効率も重要です。そのため、生き残るために分業が進み、個人が〝歯車〟になっていくことは自然なことなのです。

〝組織の歯車〟を否定しているわけではありません。むしろこの世の中では、ひとりですべての工程を行うことなどほぼ不可能です。能力としてそれが可能だったとしても、効率が非常に悪く、他者との競争に負けてしまいます。

気づかなければいけないのは、私たちは全員〝歯車〟だということです。プロスポーツ選手は全員、チームのために機能する〝歯車〟です。イチロー選手が「このバッターは俺が打ち取る」と言ってマウンドに上がることはありません。サッカーのアルゼンチン代表のメッシ選手は、点を取ることに集中・特化しています。

現時点で、「歯車にならず、自分ひとりだけいれば、消費者に商品を届けられる」という人がいたら、それは単なる勘違いか、商品を年に数個しかつくらない職人など、効率性を求めていない人か、どちらかでしょう。

個人で仕事をしているフリーランスも〝歯車〟です。「個人でデザイン事務所を経営している」「コンサルタントとして一人で仕事をしています」という人も、同じように〝歯車〟です。

自分で個人事務所をつくっているからと言っても、その人が担当する業務は、その商品をつくるうえでの〝ごく一部分〟にすぎません。デザイナーは、商品のデザインだけを担当しているにすぎません。コンサルタントは一部分の業務のアドバイスをしているにすぎません。

組織として分離しているだけで、その人単独で最終消費者（一般のお客さん）に商品を届けられるわけではありません。

社会全体でみると、ほとんどのビジネスパーソン、社会人は、〝小さな歯車〟なのです。

そして、その小さな歯車が、ある日突然、「これからは個人主義、実力主義ですから」と放りだされたわけです。「これからは、自分次第です！　今後は自分で活躍の場を見つけ、活躍する方法を探してください」と。

いきなりそんなことを言われても何もできないでしょう。これまで〝歯車〟は同列に、同じ動きをするように求められてきました。そんな組織の一部に組み込まれてきた〝歯車〟に独り立ちを強制するほうが酷です。

本来、歯車は単体では商品になりません。そしてこれからも、社会の一部分に組み込まれるしか、歯車が生きていく道はありません。しかし時代は、私たち〝歯車〟に自立を求めています。歯車が、自分で生きていく道と場所を自分で探すように求めています。もはや誰かがコーディネートして、別の歯車との最適な組み合わせを考えてくれるわけではありません。また、各自の強みを伸ばしてくれるわけでもありません。

これからは、自分で見つけなければいけません。「私は、他の歯車と一緒です」では、認めてもらえません。

もし強みを見つけられず活躍の場を失ってしまっても、それは本人の責任とみなされます。

私たちが生きていくのは、そういう時代だということを覚えておかなければいけません。

第4章

自分の場所で光りつづける人生を目指せ

勝った!
勝った!

積極的に他人の〝歯車〟になる

〝歯車〟は、自分ひとりでは何もできません。他の歯車とかみ合ってこそ、全体を動かすことができます。つまり、**他者との協力**が必要なわけです。各自が平等で、「自分次第の世の中」になればなるほど、他者との協力が求められるのは、なんとも逆説的です。

資本主義社会の中では、〝歯車〟として生きていくしかありません。

しかし、**受動的に全体に組み込まれる歯車になるのか、積極的に自分の居場所を求めて、主体的に他者とかみ合う歯車になるのかは、選ぶことができます。**

これから、私たちが考えなければいけないのは、「積極的な歯車になる」ということです。

しかし、ここに大きなジレンマがあります。〝心の葛藤〟と言ったほうがいいかもしれません。

積極的な歯車になるためには、自分が活躍できる場を選ばなければいけなくなるのです。そしてその場は、**自分が望んでいた場所ではない**かもしれないのです。

自分が歯車として生き残っていける場所は、自分が望んでいた場所ではないかもしれないのです。

素人発想で考えると、サッカーでスポットライトが当たるのはどうしても点を取る選手です。守備を固めるディフェンダーが神業ともいえる守備をしても、スポーツ新聞の1面を飾ることは難しいでしょう。

だから、多くのサッカー少年は、スポットライトが当たるポジションを目指し、地味なポジションは人気がありません。

しかしながら、全員がそのスポットライトが当たる〝センター（主役）〟になれるわけではありません。

以前、幼稚園のお遊戯会で、全員が桃太郎になっているテレビCM動画が話題になりました。それを見て、「うちの幼稚園は全員、赤ずきん」「うちは半分ピーター・パン、残り半分はフック船長」というコメントがネットに多数寄せられました。

これらは、まったく笑えない話です。現実社会では〝桃太郎〟はたった1人です。ピーター・パン、フック船長のようにスポットライトが当たるのも1人ずつです。全員がその主役をもらえるわけではないのです。

それを理解し、そのうえで自分の場を選ばなければいけません。そうしなければ、すぐに夢破れて、自分の行き場所を失ってしまいます。結果的に、自分の居場所を確保できないのです。

自分の居場所を確保できないのは、能力の問題だけではありません。考え方の問題も大きく作用しています。**自分が目指すのはセンターだけと思っていたら、その希望が実現しづらいのが当然でしょう。考え方を変えなければいけないのです。**

ここで、積極的な歯車になるための考え方をご紹介します。

自分のポジションを意図的に選ぶ

私は、これまで富士フイルム、サイバーエージェント、リクルートと3社経験しました。現在は出版社と社団法人を経営しながら、ビジネス書の作家として仕事をしています。つまり、出版業界の人間です。

時代の流れとしては、出版よりもインターネットやスマホ関連のビジネスのほうが注目を集めるでしょう。収益的にもメリットがあるかもしれません。ですが、私は出版業界を敢えて選びました。

というのは、時代の最先端を行くインターネットやスマホ関連の仕事は、ライバルが多すぎるからです。ライバルが多いということは、つまり競争が激しいということ。

そして、勝てる確率がそれだけ下がるということです。

もちろん、「勝った人」は、莫大な富と名声が得られるでしょう。しかしそれは「勝ったら」の話です。

圧倒的に激しい競争の中で勝たなければいけない人は、それ相応の努力をしなければいけません。しかも、今日勝ったとしても、明日もそのまま勝っているかはわかりません。スマホゲームの業界を見ると、勝ちつづけることの難しさがよくわかります。常に全力で走りつづけなければいけず、しかも常に勝ちつづけなければいけません。

私には、それはできません。性格的に、また能力的に常にその激しい競争の中で勝ち残っていくことはできないと判断しました。

だから、別の道を選んだのです。

作家という仕事は、インターネットビジネスに比べると、比較的時間がゆったり進んでいます。世間で「出版は右肩下がり」と言われているからか、新規参入も少なく、一度築いた地位が比較的長く続きます。

ただ、ここでお伝えしたいのは、出版業界は穴場だという話ではありません。

ポイントは、「最先端で、みんなの注目を集める業界ではないところを敢えて目指した」ということです。

先日、元ハードル競技の選手の為末大さんと対談させていただきました。為末さんは世界選手権の「400メートルハードル」で銅メダルを2回取っています。ただ、もともとは100メートルの選手でした。

100メートルから転身した理由は、私にとってはとても腑に落ちる内容でした。

「100メートルでは勝てないと思ったので、400メートルハードルにしました」

彼はそう言ったのです。これこそ、これからの時代に必要な生き方です。言葉を選ばずに言うと、陸上競技の一番の花形はやっぱり「100メートル」です。その証拠に、100メートルの世界記録保持者は知っていても、400メートルの世界記録保持者、高跳びの世界記録保持者、砲丸投げの世界記録保持者を知っている人はごく一部です。

その花形だった100メートルの選手が、400メートルハードルに転向したわけです。

為末さんは、勝つために「花形」を捨てました。勝つためにとはいえ、これはものすごく勇気がいる決断だったと思います。

多くの人が、一番目立つ場所で活躍したいと願っています。もちろんそれは悪いことではありません。ですが、一番目立つ場所で活躍できるのは、当然ひとにぎりの人たちだけです。そこには挑んで敗れる人たちがたくさんいるのです。

であれば、自分が勝てる場所を見つけ、そこで勝つという選択肢も考えるべきです。

つまり、**自分のポジションを見つけ、そのポジションでレギュラーになる道を選択肢にいれるべき**なのです。

不平等を受け入れる

自分のポジションを見つけ、他の選択肢を捨てるときに考えなければいけないのは、**「不平等が前提」**ということです。

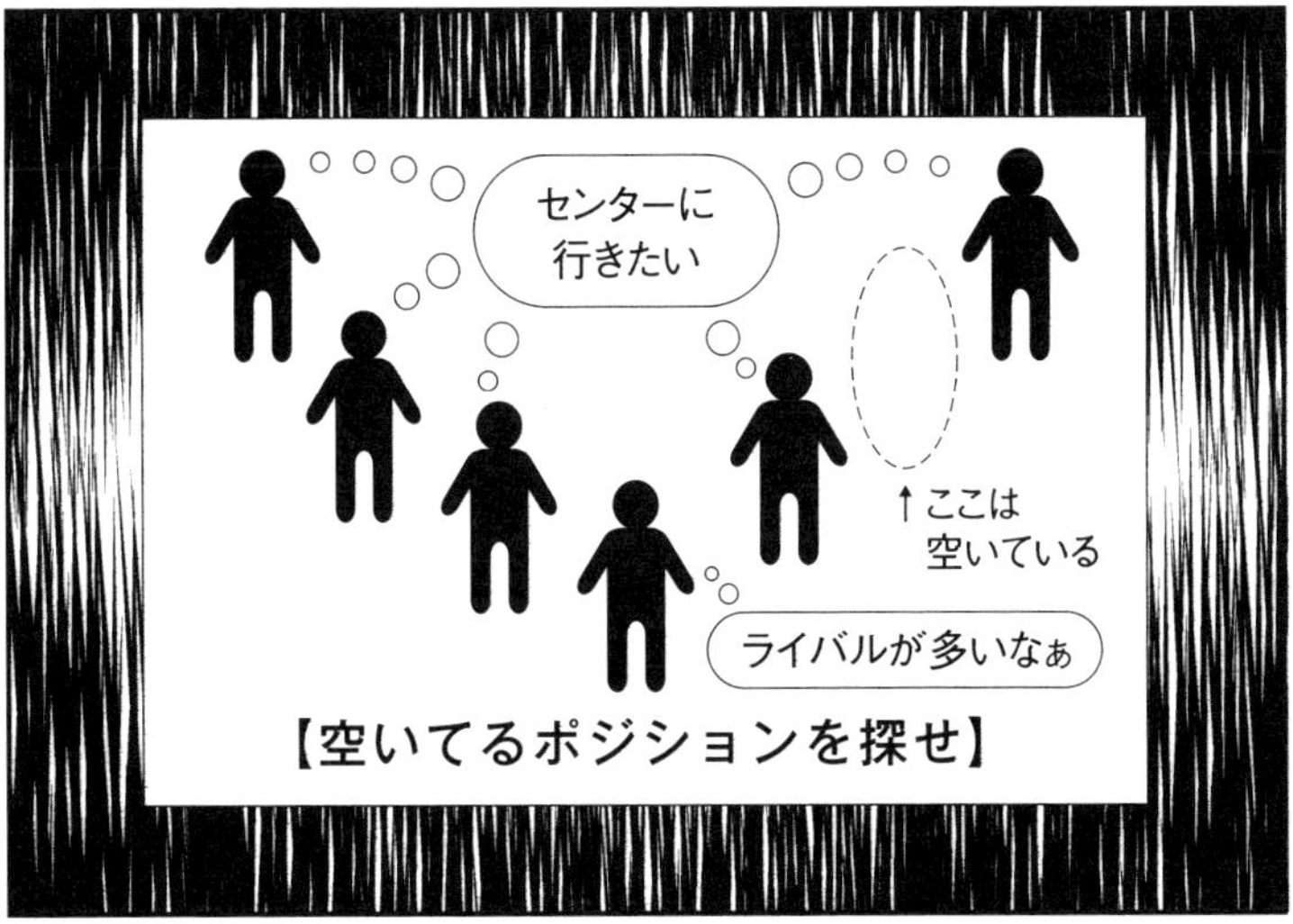
センターに行きたい
↑ここは空いている
ライバルが多いなぁ
【空いてるポジションを探せ】

どんな平等な社会にも、必ず不平等はあります。不平等があるのは世の中には〝差〟があり、捉え方によっては、どんな〝差〟でも不平等になるからです。親の経済状態や家柄は簡単に不平等になってしまいますね。顔、体型も「不平等」につながります。住んでいる地域さえも、捉えようによっては不平等です。

違う人間であれば、必ず違う状況が生まれ、考えようによっては、それらはすべて不平等になりえます。そして**「不平等はなくならない」**のです。

なくならないのであれば、気にしていても仕方がありません。その状況を好きになれということではなく、前提として受け入れなければいけません。

「なんで俺にはその能力がないんだ！」「なんであいつだけ恵まれた環境なんだ！」「俺に才能さえあれば、お金さえあれば、いい親に恵まれれば」

不平等を数えればきりがありませんし、その状況はもう変わりません。

アダム・スミスは、**人間はあらゆる状況に慣れ、それを「ふつう」と捉えることができる**と説きました。そして、慣れることで、心の平静が得られ、幸福になりえると考えていました。

そして、人間を不幸にしてしまう理由のひとつに、**〝自分ではどうしようもない状**

況〟を変えようとして四苦八苦することを挙げています。

スミスの考えでは、死刑囚ですら、心の平静を得られる。しかし、「いつか壁の向こうに出たい」という考えを持っていると、「出られない自分」を日々感じることになり、苦しむことになるのです。

自分ががんばって手にできるものは、がんばって手に入れればいい。しかし、自分ではどうしようもないものは、「どうしようもない」と割り切り、他のポジションを探さなければいけません。

「ポジショニング・ワーク」という発想

そして、自分が見つけた自分のポジションで、仕事をし、そのポジションで生きていくのです。このような考え方を、私は**「ポジショニング・ワーク」**と呼んでいます。

かつては、すべての仕事を全部「なんとなくできる」という〝ジェネラリスト〟が重要とされていました。会社に入ると、営業を経験し、企画部で商品設計をやった後に工場で現場を経験し、海外勤務を終えて、本社に戻ってくるといったような、〝キャリア・パス〟なるものが存在していました。多くの人が、用意されたこのレールに乗っかり、疑いもせずに会社からの辞令に従っていました。

その結果、**「いろいろなことが中途半端にできる人材」**が大量に育成されたのです。会社からしたら、その仕事ができる人が大勢いるので、経営が安定します。仮に、誰かが退職しても、代わりはいくらでもいるからです。

ですが、従業員にとっては？

会社が言うとおりに仕事をしてきた結果、「あなたの代わりはいくらでもいる」という状況をつくり出してしまったのです。

これからは、同じような顔をしたジェネラリストの寄せ集めよりも、キャラが違う人材がお互いの得意分野で力を発揮する時代です。

「ポジショニング・ワーク」という考え方が必要なのです。自分のポジションを決め、そこでのレギュラーを勝ち取ることに専念するのです。

すべての人がフォワード、ミッドフィルダー、ディフェンダー、ゴールキーパーのどれでもできるという状態になるべきで、どのポジションでもできるように、いつでも準備しておけとされていたのが、これまでの人材の考え方でした。

学校にいる時から、減点主義を突きつけられてきた私たちは、何かできないものがあると、その穴を埋めようとします。「苦手は克服しよう」といわれ、できないものをなんとかできるようにしてきました。

その結果、得意分野もそれほど育たず、〃なんとなくの人材〃ができ上がったのです。これがいかに非合理的なことかは、フォワードの選手にゴールキーパーの練習をさせているシーンを思い浮かべればよくわかるでしょう。

たしかに、将来に多くの可能性と選択肢を残すという意味で、いろいろなことができるようになるのもいいでしょう。ですが、苦手を克服しようとするあまり、得意が伸ばせず、また勉強そのもの、スポーツそのものが嫌いになってしまうのでは、本末転倒です。

将来につぶしが利くように、というのも大事な考え方です。ですが、周囲を見てみ

マリオとチャンは、カイジが戦うギャンブルの実質的な戦力にはならない。しかしカイジを見守って盾になるというポジションは十分こなせる。

ると、いい大人になってまで「将来使うかもしれない」といっている人も少なくありません。それは単に**「捨てられない」だけです。捨てる勇気がないだけです。**

自分は自分のポジションがあればいい。問題は、そのポジションで、レギュラーになれるかどうかです。そして自分がチームメイトに必要とされて、重要なプレイヤーとして思ってもらえるか、です。

「自分本位」では生き残れない

自分のポジションを獲得するために、また〝チームメイト〟から必要とされるためには、相手に認めてもらわなければいけません。しかし、相手に認めてもらうだけでは不十分です。**相手の役に立たなければいけません。自分本位から抜け出して、相手のためにならなければいけません。**

ビジネスで扱う「商品」には、「相手のメリット」が欠かせません。お客さんにメリットを提供するために商品が存在しています。つまり、お客さんが「それほしい！」と思うから、商品を買ってもらえるのです。

これに異論を唱える人はいないでしょう。**しかし、にもかかわらず世の中にある多くの商品が「企業都合」で提供されています。**これは注目に値すべきことです。

嫌味で言っているのではありません。企業はほぼ間違いなく、消費者・顧客にメリットを提供しようとがんばっています。消費者・顧客の要望にこたえようとしているのです。

ですが、実際には、消費者から見て「これほしい！」と思う商品が少ない。不景気だから売れないのではありません。不景気でも爆発的に売れる商品や、景気の波に左右されず長く売れつづけている商品もあります。

この差はなんなのでしょうか？

売れない商品と長く売れつづける商品の違いを探ることで、私たちが〝人材〟としてどうふるまっていけばいいかのヒントをつかむことができます。

多くの商品提供者は、知らず知らずのうちに、「自分都合」に陥っています。

- この資産を活用したいから、この商品を発売する
- この技術を使ってなんとかしたい
- うちが生きていくためには、これしかない

資本主義経済の中では、企業も生き残りをかけて必死になっています。生き残るためには、消費者に認めてもらわなければいけないということも知っています。

しかし、なぜかいつのまにか「企業都合」に陥ってしまっているのです。

そう考えて、世の中を見渡してみると、自分論理でつくられている商品が山ほどあることに気づきます。ショッピングモールを、そういう視点を持ちながら歩いてみてください。

「これは誰が買うんだろう?」と疑問に感じてしまう商品が山ほど並んでいます。もちろん、ただ単に自分がその商品のターゲットではないこともあります。

スカベンジャーからしたら超大金・・・・！
目も眩《くら》むお宝！
だろ？
違う！
金なんて
ゴミだっ!!
は？
金なんてゴミ・・・・！

愛グループはマリオがお金で釣られると考えているが、マリオの本当の望みはお金ではない。3人で幸せに暮らしたいという思いがこのゲームに彼を駆り立てたでも、明らかに自分もターゲットの一人なのに、まったく響かない商品もたくさんあります。「これ、ほしいでしょ?」「これ、便利でしょ? 買いたいでしょ?」と企業は全力でアピールしてきますが、まったくそう思えないのです。

売り込みの電話やダイレクトメールも同様です。自分に電話をかけてきている、DMを送ってきているのですから、自分は「ターゲット」のはずです。しかし、いくら売り込まれても、まったくほしいと思いません。

それは、その商品が「自分本位」でつくられているからです。

「あなたのため」という単なる押しつけ

ビジネスに限らず、実社会では「相手の立場に立つこと」が大事で、相手の立場に立って相手が望むことを行うことが重要です。これは言うまでもないでしょう。

ただ、じつはこれはすごく難しいことです。

というのは、「相手の立場」という場所がないからです。そのため、その場所に「立つ」ということがどういうことなのかが実際にはわかりません。

自分では、相手の立場に立っているつもりでも、まったくトンチンカンなケースが

あります。以前、「それ、代わりに食べてあげる。あなたのためだから」といって、人のケーキを横取りする場面を描いたテレビCMがありました。非常にコミカルに描かれていましたが、現実にも同じようなケースがあります。

なかには、「あなたのため」にならないことがわかっていながら行う確信犯もいますが、悪気もなく「あなたのためだから」といって、自分の価値観や論理を押し付けてくる人もいます。悪気がないだけに、拒否しづらいです。また、いつまでたっても本人は自分で気づかないので、さらに厄介です。

そして、そのような人を一方的に非難することはできません。もしかしたら、私たちも「悪気なく自分論理を押し付けている人」かもしれないからです。

誰も「自分本位」でいるつもりはありません。でも自分本位になっています。じつは、自分の商品や自分自身を売り込もうとすればするほど陥る〝罠〟があり、そのせいで顧客から離れ、自分本位になってしまうのです。

一体、その罠とは？

そしてなぜほとんどの人がその罠にはまってしまうのでしょうか？

売り込もうとすればするほど陥る罠

社会が成熟すると、いろいろな人がいろいろな商品を提供し始めます。すると当然、似たような商品が出てくることになります。しかし、他と似たような商品は、なかなか買ってもらえません。

資本主義経済は「差」が利益を生む構造です。

「差」がなければ、選んでもらえず、「差」がなければ利益が生まれません。

古くは大航海時代、地理的な「差」から利益を得ることができました。ヨーロッパの列強各国は、アジアでは豊富に存在し、ヨーロッパには存在していないものを売って利益を稼いでいました。

中世の産業革命時代は、労働者から「搾取」することで製造原価を抑え、売価との差で利益を出していました。

現代の日本も同様です。高度成長時代を経て、多くの商品が提供されるようになると、各企業は、自社の商品を差別化し、その「差」で選んでもらえるようにがんばりました。

そして現在、この「差」は、どんどん小さく、微妙になっています。つくっている本人たちでさえ「それほど変わらない」と感じるまでに差別化が難しくなっています。

しかしだからといって、「差」を追求することをやめることはできません。資本主義では、「差」があるから、認めてもらえるのです。

差がなければ自分の商品を認めてもらえません。買ってもらえません。**ただし、この「差」を追求するがあまり、相手を忘れ、自分本位になってしまうのです。**

「うちの商品は、他社と違って、こんな機能が付いています」

「従来の商品は使いこなすのにとても時間がかかりましたが、うちの商品は、簡単に使えます」

「うちの商品は、○×大学と共同研究した、世界初の○○製法です」

このような売り文句を目にしたことはありませんか？

「他の商品と違い、この商品はこんな特徴があります」と一生懸命、差別化を打ち出しています。

ただ、消費者がその商品を買うのは「他と違うから」ではありません。**他と違うからという打ち出し方は、消費者からすると、本来まったく意味がないのです。**

考えなければいけないのは、その「特徴」が消費者にとって意味があるかどうか、です。他の商品との「差」を考えるあまり、消費者を置き去りにしているケースがあります。というより、それがほとんどです。

先日、ある量販店で、こういう「売り文句」を見ました。

「この商品は、購入後インターネットで会員登録ができます。他の商品は、ハガキでしか受け付けてなくて、面倒です」

こう告知することで、ほかの商品と区別し、「この商品」を買ってもらおうとしているわけです。ただし、重要なポイントが抜け落ちています。それは、私はそもそも会員登録をしないということです。もともと会員登録をしない人に向けて「ネットでできます！」といっても、無駄なのです。

自分の商品に〝入り込んで〟しまい、その商品の良さをアピールしようとすればするほど、「他とどう違うのか」「どういう想いでつくったのか」など、自分たち目線・自分たち都合に陥ってしまいます。これが罠なのです。

「相手の望みを叶えるもの」が勝つ

自分たちが差別化を意識して打ち出すのは、単なる「特徴」です。その特徴がたまたま消費者の心をつかむこともあります。ですが本来、**消費者がほしいのはその「特徴」ではありません。**

しかし、のめり込めばのめり込むほど、この〝罠〟にはまってしまいます。
ただ、この〝罠〟を回避する方法があります。

それは、相手の**「願望実現」**にフォーカスすることです。

『資本論』を書いたカール・マルクスは、商品には「使用価値（消費者のメリット）」がなければいけないと説きました。これを聞くと「そんなこと当たり前だろ？」と思う人が多いでしょう。

ですが、世の中を消費者の立場で見渡すと、メリットを感じられるような商品ばかりではありません。というより、多くの商品を見て「こんなのいらない」と感じます。

商品には〝メリット（使用価値）〟が必要です。それは誰もが同意するでしょう。

考えなければいけないのは、**誰が〝メリット〟を判断するかです。**

当然ながら、その商品にメリットがあるかどうかは、消費者が判断します。というより、その商品を見てメリットを感じるかどうかは消費者次第で、消費者の自由です。でも、多くの場合、企業（商品提供者）が、「これはメリットがある（はず）！」といって、商品を売り出しています。

たしかに、そう考えるだけの〝メリット〟を備えて商品を売り出します。ですが、その要素に消費者が惹かれるかどうかは、また別問題です。

マルクスは、商品は〝命懸けの跳躍〟をすると言いました。商品ができ上がってから、その商品に意味があるかを消費者に問わなければいけない、ということです。商品の完成後、それが消費者にとって意味があるものかどうかのテストを受け、そのテストに合格しなければ、商品としては死んでしまうのです。

現代でも、多くの商品が〝命懸けの跳躍〟に失敗し、不良在庫となっています。この構造は現代でも変わっていないのです。

ですが、構造が変わっていないからと言って、何も対策を取れないわけではありません。より精度を高く消費者に受け入れられる商品を企画し、売ることはできます。

「相手の〝願望実現〟」にフォーカスすることです。

「その商品にメリットがあるか」と聞かれたら、多くの企業がイエスと答えるでしょう。ですが、そんな商品でも売れるわけではありません。

なぜでしょうか？

たとえば、英会話教室。「英語が話せるようになります」とうたっている英会話教室の広告をよく目にします。「うちの教室は少人数制だからいいです」「安いですよ！」「通いたい日に通えます」など、さまざまなうたい文句があります。でも、その広告を見ても、「ふーん」としか思いません。

「英会話学校に安く通えるのって、いいと思いませんか？」と聞かれたら「いいと思います」と答えます。「少人数の英会話学校って、よくないですか？」と聞かれても「いいと思う」、「いつでも通えたら？」「いいと思う」と答えるでしょう。

でも、じゃあ自分がその英会話学校に通うかというと（その商品を買うかというと）、買いません。

「いいと思う」といっています。社交辞令ではなく、実際に「いいと思う」のです。でも買いません。

なぜでしょうか？

それは、その商品やその要素が、自分の〝願望実現〟につながっていないからです。

ここでいう〝願望〟とは、相手が感じている「○○したいけど、××という理由で○○できない」という「○○したい」の部分です。もしくは「○○したくないけど、

××という理由でどうしても○○してしまう」という「○○したくない」の部分です。

「ハワイに行きたいけど、時間がなくてハワイに行けない」という人の場合、ハワイに行くことができれば願望が実現したことになります。

また「寝不足になりたくないけど、残業が多すぎて、どうしても寝不足になってしまう」という人には、十分な睡眠を取ることが願望実現になります。

そして、**相手が願望を実現するためには「××という理由」を取り除き、「○○」を叶えてあげなければいけません。つまり、商品に必要なのは、この「××という理由を取り除くこと」なのです。**

「英会話を習いたいけど、学費が高くて払えないから、英会話を習えない」と思っている人には、「うちの英会話教室は、安いです！」という点は願望実現になります。

しかしそもそも、英語を話したいと思っていない人には、いくら少人数だろうが、安かろうが、行きたい時に！　だろうが、関係がありません。英語を話したいと思っていない人には、これらのうたい文句は「願望実現」になっていないのです。

また、英語を話したいと思っている人でも、お金の問題ではない人もいますね。そんな人に「安いです！」といっても響きません。

カイジが命を張って勝負をすると言ったときの兵藤会長の歓喜の顔。カイジは会長の望み通り「命」を賭けたから勝負してもらえた。

「英会話教室に行って外国人の先生とたくさん話したいけど、1クラスにたくさん生徒がいるから、外国人の先生とたくさん話せない」と思っている人には、「うちは少人数です」というアピールが有効です。

商品にメリットはある。個別にアンケートを取ると「いいと思います」と言ってもらえる。でも実際に買ってくれる人は少ない。それは「いい」だけで、願望実現につながっていないのです。

じつはこれが「自分本位」に陥ってしまう構造の正体です。

なんとか消費者に選んでもらおうとして、自分たちが考える〝メリット〟を打ち出しています。たしかに消費者も「いい」と言ってくれる。でも売れません。そして、商品が売れないので、ますますその〝メリット〟を強化しています。

しかし、そもそもそのメリットが消費者の願望実現になっていなければ、いくら強化しようが買ってもらえません。意味がないんです。

少し前、テレビメーカーがこぞって画質競争をしていました。うちのテレビはこんなにきれい、4Kテレビがいよいよ発売！　などと、大きく告知していました。ですが、消費者は素人です。素人から見ると、A社の○○技術と、B社の○×技術の区別はつきません。アナログとデジタルの差は見分けがつきますが、メーカー各社が打ち出している〝差〟は、隣に並べて細かく比較しなければ、まったくわからないレベルでしょう。そんな微妙な差を消費者が望んでいるはずはありません。

どの商品も、〝メリット〟を持っているんです。しかし、それがその相手の「願望実現」につながらなければ、それは単なる提供者の論理に成り下がります。消費者が、「○○したいけど、××という理由で、○○できない」と考えている、その「○○」について、あなたの商品は、「できない理由」を解消しなければいけません。

「この商品はこんなメリットがあります。他と違います」

そうアピールするのは結構です。ですがそもそもその内容が、消費者の願望実現につながっているのか、〝××という理由〟を取り除けるのか、考えなければいけません。

自分の仕事は、誰の「願望実現」につながっているのか

相手の「願望実現」につながっていなければいけないというのは、商品に限った話ではありません。人材についてもまったく同じことが言えます。

自分ができることを考えることは、とても重要です。自分のポジションを守り、他人にできないことを追求することも大切です。

しかし、それが「相手の願望実現」になっていなければ、そもそも意味がありません。自分のポジションを決めるときには、**自分がそのポジションの仕事をすることで、だれかの願望実現につながっているかを考えなければいけません。**

必ずしも、消費者の願望を直接的に実現していなくても構いません（というより、現代のように仕事が細分化された世の中では、「自分の仕事が消費者の願望を実現している！」と実感できることは少ないでしょう）。自分は、同僚のもしくは、会社の願望を実現すればいいのです。

自分が仕事をすることで、同僚が「やりたかったことができた！」と言ってくれれば、その仕事は意味があったということです。もしくは、会社が目標としてきた売上が達成できたのであれば、その仕事は意味があったということ、あなたという人材は会社にとって意味があるということになります。

ポイントはここでも同じです。

「○○したいけど、××という理由で○○できない」。その〝××という理由〟をあなたが取り除くことができれば、相手は願望を実現することができます。

「消費者の目を引くデザインにしたいけど、どんなデザインにすればいいかわからない、でも消費者の目を引くデザインにしたい」と思っている商品企画担当者のところにいって、「自分だったら、消費者の目を引くデザインがつくれますよ」といえば、相手の願望を実現していることになります。

「今年度は、どうしても売上１００億円に届かせたい。でも、今の商品ラインナップじゃ無理。でもどうしても売上100億円に届かせたい」と思っている社長のところに行って、「自分だったら、今の商品ラインナップで100億円売る方法を知っていますよ」、もしくは「100億円に届かせる新商品がつくれます」といえば、相手の願望を実現していることになります。

「私はこんなに優秀です。MBAも持っています。前の会社ではこんなに慕われていました」

こう伝えれば、あなたの優秀さを伝えることができるかもしれません。しかしそれは相手には関係がありません。さきほどの「安いですよ！」と言っている英会話の例とまったく同じです。

労働力も商品です。人材として自分を見るときには、商品を見るときと同じ視点が必要です。自分を人材として捉えたときに大事なのは、「自分がいかにすごいか」ではなく、「自分が、いかに相手の願望を解決するか」なのです。

以前、こんな笑い話を聞いたことがあります。

ある企業の部長さんが退職して、次の仕事を探していました。人材紹介会社に行き、面談をした際、その人材コンサルタントから、「どんな仕事ができますか？」と質問をされました。そこで彼の返答は、「部長ならできます」だったそうです。

当たり前ですが、「部長」という仕事はありません。

これは非常に極端な例で、みなさん笑うかもしれません。ですが、これと似たようなことはよくあります。

懸命に自分が取得した資格をアピールする人がいます。たしかに、その資格を取る準備は大変だったでしょう。そして、見事合格したことは素晴らしいと思います。ただ、それが相手の〝願望実現〟につながっていなければなんの意味もありません。

「これはできない」より「これができる」という視点で自分を掘る

私は独立を含めると合計3回転職をしています。そのせいか、友人から転職についての相談を受けることがよくあります。ただ、その際に多くの友人が口をそろえて、

「自分には何もない」

といいます。「だから転職したいけどできない」「好きを仕事にしたいけれど、そんなことできない」と。さきほどの話に重ねると、自分は相手の願望を実現する能力がないと言っているわけです。

でも、本当にそうなのでしょうか？

社会人を10年も経験していると、自分でも気づかないうちに、いろいろな力が身についています。これまで一生懸命仕事をしてきたのであればさまざまな力が身についているはずです。しかし、これから、私たち〝歯車〟は自立を促されています。**黙っていて、誰かが自分の良さを見つけてくれるわけではありません。自分で探し、自分でアピールしなければいけません。**

成果が目に見えて出る営業職や社内で表彰されたことがある人は見つけやすいです。でも、それ以外の人はなかなか見つけづらいかもしれません。

そんなときは、こう考えてください。

仮に新入社員があなたと同じ仕事をすることになったとしたら、どんなことを教えなければいけないでしょうか？　どんなトレーニングをしなければいけないでしょうか？

それを考えてください。それが、あなたと新入社員の「差」であり、あなたがこれまで身につけてきた力です。

そして、その力は、誰かの役に立つはずです。まず自分に問いかけてください。

「自分の力や経験は、誰のどんな願望を実現できるか？」

「自分には何もない」と嘆くのではなく、自分には何があるかを真剣に探さなければいけません。そしてその力に着目し、その力を使って、自分のポジションを築いていきましょう。転職する・しないにかかわらず、ビジネスパーソンとしての自信を持てるはずです。

ビジネススキルは、栄養素と同じ

風邪気味のとき、ビタミンCを摂ろうとします。ですが、じつはそれはあまり意味がないことなのだそうです。ビタミンCだけ摂取しても、体内にとどめておくことができず、どんどん流れてしまうようです。つまり、自分のものにできないんですね。

そもそも、ビタミンだけ摂ってもあまり意味はなく、ミネラルやたんぱく質を同時に摂取していないと機能しないようです。各栄養素は単独で働くのではなく、グループとして機能している、というイメージです。

たとえて言うならば、各栄養素は、〝樽の壁板〟を形成します。ミネラル、たんぱく質、ビタミンがそれぞれ〝壁板〟となります。一部分にしか壁板がなければ、それは樽として機能しませんね。中身が流れ出てしまいます。それと一緒で、各栄養素をバランスよく摂取して初めて効力が発揮されるのです。

ビジネススキルも同じだと思います。ビジネスパーソンとして、足りないものを自覚したときに、人はそのスキルを学ぼうとします。それはとても大事なことです。ですが、そのスキルだけ学んでも、ビジネスに活かせません。

たとえば、イベントやセミナーを企画するとします。ここでほとんどの人が「全然、人を集められない（集客できない）」という課題に直面します。

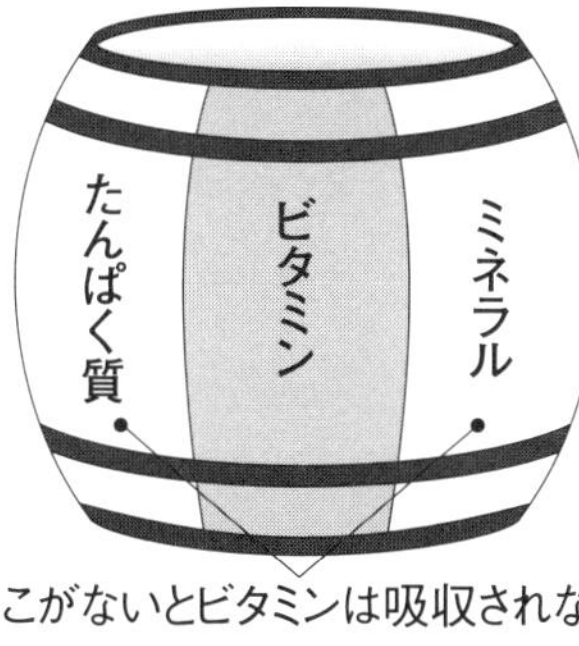

【結果を出すためには、複数の要素がいる】

そして、集客方法を学ぼうとします。マーケティングを学ぼうとします。しかし集客方法だけ学んでも、実際にはうまくいきません。キャッチコピーを勉強しなければいけません。当日手伝ってくれるスタッフをまとめて、チームとしてしっかり役割分担をし、それを束ねるマネジメント力を発揮しなければいけません。

もっと根本的なことをいうと、イベントやセミナー自体が魅力的でなければいけません。コンテンツづくりもできなければ、人は来てくれません。

「集客が課題だから、集客を勉強する」というのは、発想としては正しいです。しかし、実際に集客するためには、ほかの要素も必要なのです。ビタミンの吸収と同じです。だから集客だけ勉強しても、効力がないんです。

これに気づかず、多くの人が諦めてしまっているように思います。「集客を勉強したけど、うまくいかなかった。やっぱり駄目だ」と。しかし違うのです。集客を学んだ後に、キャッチコピーを学び、チームづくりを学び、コンテンツ設計方法を学んでいくと、徐々に「樽《たる》」ができます。そして、徐々に結果を出せるようになるのです。

多くの場合、ビジネスに使うスキルは、ひとつの要素だけで成り立っているわけではありません。目的としては、「集客するスキル」というひとつのテーマに見えていても、そのスキルを形成している要素が複数あるわけです。

す。

樽の壁板のように、いろいろな要素が合わさって、ひとつのスキルをつくっていま

だから、ひとつのスキルを身につけるためには、複数の要素を学ばなければいけません。いろいろなことを広くまんべんなくできるようになるのではありません。ひとつのことをできるようになるために、いろいろな要素が必要なのです。

これを知らないと、勉強し、努力してもなかなか結果が出ず、「やっぱりオレはうまくいかない。能力がない」と気持ちが折れてしまいます。すぐに結果が出ないのは当然です。あなたに能力がないのではありません。

ひとつのスキルでも複数の要素が必要なので、それらを順番に学んでいき、徐々にできるようになるのが、実際のところです。

必要な要素を、ぐるっと一周学んでみて、ようやく「なんとなく見えてきた」という感じだと思います。しかしその後は、でき上がった土台をまた復習しながら、ぐるぐると上塗りをしていくことで、その「樽」の壁が高くなります。その樽の容積が大きくなり、さらに多くのものをより効率的に吸収できるようになるのです。

圧倒的に違う！「自立」と「孤立」

この世の中を生きていくために大事なのは、自分のポジションを確立することです。そして、**ポジションは、チームの中にいるからこそ、意味があります。**

将来の見通しが不透明になると、自立しなければと意気込む人がいます。これからは会社に頼れないので自分で生きて行こうと考えるのです。その考えは、私も正しいと思います。

しかしその結果、孤立してしまう人がいます。

自分の足で立とうとするあまり、チームを忘れてしまったり、妙に肩に力が入って仲間を傷つけてしまったりする人がいます。

これではいけません。

自立は必要です。しかし自立とは、「他人に依存しすぎない」という意味です。自分ひとりで立つということではありません。

私の大学時代の友人で、コンサルティング会社に就職した女性がいます。彼女はとても優秀で、ひと一倍、負けん気が強い人でした。会社に入ってからも「男に負けたくない」という一心で、ひたすら仕事をしたようです。でも、数年後に再会したときには、本当につらそうでした。自分が優秀であることをアピールしたいがために、周りの悪口を言い、「使える奴がいない」「誰も私をサポートしてくれない」と愚痴っていました。

彼女は、自立を意識するあまり、孤立してしまっていたのです。

自分だけでなんとかしようとすると、周りとの関係を断絶してしまいがちです。もともと資本主義では個人は小さい歯車になってしまっています。小さい歯車が、がんばって〝少し大きい歯車〟になったとしても、自分ひとりで物事を動かせるようにはなりません。他人との連携があってこその歯車だということを、忘れてはいけません。

むしろ現代では、ほぼすべての人が〝歯車〟です。能力にかかわらず、他人と力を合わせなければ生きていけません。ですから、他人に協力を仰ぐことは自然ですし、何も恥ずかしいことではありません。自分のポジションを決め、自分ができることをこなします。できないことは他人の力を借ります。それでいいのです。

第5章

今度こそ人生を変えるために

クハハハッ……！
カカカッ……！

カイジが示した、人生を変える道

２０１３年から、アベノミクスが始まりました。２０１３年の秋には、２０２０年の東京でのオリンピックの開催が決まり、日本経済は一時お祭りムードになりました。ただ、冷静に考えなければいけないことは、これからはかつてのような経済成長はできないということです。国全体が高度成長期のような「もっと上へ！」を目指して生きていくことは、もはや不可能です。

私たちを待っているのは、国全体としては成長がない、比較的〝退屈〟な経済状態です。

これから、かつてのバブル期のようなフィーバーはないでしょう。みんな揃って右肩上がりの世の中はもう来ません。それに代わって、〝みんな揃って横ばいの世の中〟になります。こんな時代を退屈に感じる人は多くいます。世の中の流れに任せていたら、そんな「退屈な生活」が待っています。

そしてもし、そこから抜け出したいのなら、自己責任で生きる覚悟を持たなければいけません。

目標設定、自己管理、自己実現などの責任が、より過酷に求められます。

がんばるのも、個人の自由。がんばらないのも、個人の自由。

ただし、がんばらないときに、それなりの結果になるのは個人の責任。

そう社会が思うようになります。

ここで、私たちが取り得る道は2つ。

ひとつは、自分はそのがんばる道から降り、がんばっている他人にチャチャを入れて、外野から騒ぐ人生。そしてもうひとつは、泥だらけになりながら、外野からチャチャを入れられつづけて、それでもなお自分で切り開く人生。

自己責任の世の中で、泥だらけになりながら進むのは、決してたやすいことではありません。「がんばれば夢は叶う」というプレッシャーを受けながら、前進していか

オレが・・・
勝ちへの道を示すっ・・・・・・!
は・・・?
座れっ・・・・・・!
道・・・・・・?
倒すんだっ・・・・・・!
班長を・・・・!
そして・・・・・・
得るっ・・・・・・!
大金をっ・・・・・・!

カイジは私たちに道を示した。カイジの生き方そのものが「人生を変える道」を示しているなければなりません。昨日まで同じ場所にいた同僚が、どんどん先に行くのを後ろから眺めていなければいけないかもしれません。いろんな人からチャチャを入れられるかもしれません。けれど、「今度こそ、人生を変えたい」と思うのなら、その道を進まなければいけません。

周囲の雑音に惑わされずに、道を進むためにはどうすればいいか。最後にそれをお伝えします。

まずは、自分を大切に扱う

月亭方正さんという芸人さんがいます。以前は、「山崎邦正」という名前でした。あまり有名ではないですが、彼は歌を出したこともあります。「ヤマザキ一番！」という歌です。この歌を聞いていた当時は、まったく感じませんでしたが、今聞くと、この歌の一説がすごく心に響いてきます。

「ヤマザキ一番　ヤマザキ一番
ゆくぞヤマザキ　おのれのために」
（『ヤマザキ一番！』山崎邦正　JASRAC出1406627－401）

今の世の中は、「人のために」と言い過ぎているように思います。特に日本社会は、自分を押し殺して、他人を優先することが「善」とされています。

でもそれでは、誰も幸せになれません。

「他人のために」は非常に崇高な考えだと思います。でもそれは自分の心が満ちてから考えればいい。

自分の心が満たされていなければ、他の人の心を満たすことなどできないからです。自分の心が満たされていないと、満たされていない不満足感が募ります。そんな状態で、他人を幸せな気分にさせられるわけがありません。形式上は〝おもてなし〟ができたとしても、心が入りません。

自分自身が苦しんでいるのに、なんとか他人に幸せになってもらおうとがんばってみても、うまくいきません。どこかで「自分も大変なのに、あなたのためにやってあげている」と感じるようになり、相手がそれを感じとってしまうからです。

自分の家族がひもじい思いをしているのに、「社会貢献」といって外に目を向けてしまうのは決してほめられたものではないと思います。

これは、経済状態のことを指しているのではありません。お金がなくても、心が満たされている人はたくさんいます。そういう人は、他人をサポートできます。逆に、お金が腐るほどあっても、心が満たされていない人がいます。

まず自分の心を満たすのです。そのために、自分を大切にしてください。

そして、そのために、**「自分の意見は重要である」**という意識を持ってください。まず自分を大切に扱うために、自分の意見を大切に扱うべきです。

多くの人が、他人の意見に惑わされ、他人から言われることを気にしすぎて、自分を殺して他人の考えの通りに生きています。

「和」を重んじる日本では、他人を尊重し、自分の意見を抑えることが美徳とされてきました。しかし、それだからといって、自分を大事にしなくていいということではありません。

自分の意見をないがしろにしてしまう人が、幸せになれるはずがありません。
そして、自分が幸せでない人が、他人を幸せにできるわけがないと思います。

自分で望んでいるものを、口に出せない、態度に出せない人が多すぎます。「出せない」というより「出さない」のかもしれません。自分が何をほしいかを言わず、ただ単に、誰かが決めたものをそのまま受け入れています。

回転寿司で、目の前に回って来たものを食べているようなものです。それがたまたま好きなものであればいいですが、そうでなくても食べています。なぜなら「回ってきたから」。

本当は誰もそんな食事を望んではいないでしょう。

自分勝手なわがままを言えばいい、ということではありません。自分を押し殺してまで、他人の声や他人の意見に従う必要はないということです。

かつてアダム・スミスは、各自が利己的に行動し、自分で一番いいと思うことをすれば、自然と社会がうまく回ると説きました。いわゆる〝神の見えざる手〟の論理です。今ではこの主張に対して、「だから人間は自分勝手になった」「やさしさがなくなった」という批判もされています。

ただ、スミスが説いた〝利己主義〟は、自分勝手に生きればいいということではなく、**「自分がどう行動したらいいかは、自分しかわからない」**という想いが背景にありました。自分が何をすべきかを一番よく知っているのは自分であり、他人ではない、ということです。

いくら、他人から「こうしたほうがいい、ああしたほうがいい」と言われても、それが正しいとは限りません。むしろ、自分がすべきことを自分以上に知っているはずがないと感じます。

もっと自分の意見、自分の考えを大事にする。それが第一歩です。

〝のろまなカメ〟の自分を尊重する

〝がんばれば夢が叶う世の中〟では、常に夢が叶っていない自分を意識することになり、常に精神的に追い詰められます。

周りを見ると、ものすごいペースで前進している人がいます。そういう人を見ると、非常に焦りを感じ、まだ何も成し遂げていない　自分をダメな人間かのように思ってしまいます。そして、勝負を投げてしまいます。

その思考回路から抜け出すためには、自分の意見を大事にすると同時に、〝自分のペース〟に従う、と腹をくくることが必要です。

「ウサギとカメ」で、カメが勝ったのは、〝うさぎが休んだから〟と言われます。しかしそれだけではありません。私たちが注目すべきなのは、「カメが、圧倒的に差をつけられても気にせず、自分のペースを尊重して、勝負を投げなかったこと」です。

以前、私たちが乗っていた年功序列や学歴の〝エレベーター〟はありません。各自が自分の判断で考え、動くことが求められているのなら、その〝ペース〟も自分で決められるはずです。

自分を無能に感じてしまうのは〝期日〟までにこなせないと考えるからです。

子どものときは、「〇年生はこれくらいの問題が解けるべき」などの想定がありました。一律に「ここまでできていなければいけない」と区切りをつけられていました。

大人になると、就職すべき年齢があり、さらには「転職適齢期」なるものもあります。そこまでに転職しておかないと、あとが難しいという通説があります。

ですがそれらは、自分ではなく、他の誰かが決めたことです。みんながそれに従っているのかもしれませんが、それは関係がありません。あなたがその期日に従わなけ

ればいけない理由はないのです。

もはや私たちは、横並びではなく、各自で考えて行動することを時代から求められています。だとしたら、それを行うペースも自分で決めればいいのです。

もちろん、勉強や仕事で、他人が決めた締め切りに従わなければいけないことも多々あります。でも、自分が夢や目標に向かって前進する時に、他人に〝期日〟を決められていいはずがありません。

やらなければいけないことができないのは、自分にとって時間が足りないからです。パソコンで一度にたくさんの作業をしようとすると、フリーズします。しかし、分けて作業をすれば、問題なくこなせます。その作業自体が難しくてできないのではありません。一度に詰め込まれすぎているからできないのです。

人間もそれと一緒です。

もしできなくて途方に暮れていることがあったとしても、それはあなたが無能だからではありません。自分の処理ペースに合っていないだけです。

エスポワール号から生還し、コンビニのバイトに戻ったカイジは「まだ途中だと思わなければ、やってられない……」と言いました。「思わなければやってられない」ではなく、そう思えばいいですし、事実として「まだ途中」の時があるはずです。

自分のペースを人に乱されるべきではありません。他人が勝手に〝期日〟を決め、「まだできてないの？」と言ってきたら、自信を持って「はい、まだ途中です」と言えばいい。

自分の意見、自分の考えとともに、自分のペースを尊重する。そうするだけで、かなり楽に生きていけると思います。

他人を優先することと、他人に貢献することは違う

「さっきは、『他人に貢献しろ』と言ったではないか。人のために生きることが自分の存在意義を確認する唯一の方法だと」

その通りです。世の中が〝平等〟になり、ビジネスの場でも、プライベートでも他人とのつながりを感じにくくなった現代では、人間は、自己重要感を持ちづらくなります。自分の存在意義を確認しづらくなるのです。

自分の存在意義をしっかりと持つためには、他人に貢献することが大切です。他人に貢献し、自分が周囲に役立っていることを感じることで自分の存在意義を感じとれるのです。

ただし、この「他人に貢献する」ということと、「他人を優先する（自分を後回しにする）」ことは違います。

他人に貢献することは、自分が能動的に他の人の役に立つこと。自分はなにもマイナスになっていませんが、他人はプラスになっています。これは社会全体として「プラス」です。

他人を優先することは、自分を抑え込むことです。この場合、他人がプラスになるためには、自分がマイナスを受けなければいけません。自分が我慢し、その代わりに他人がプラスになります。**これは社会全体としては、プラスマイナス・ゼロです。**

たとえばこういうことです。

行列に並びたくても並べない人を手助けし、手を取って一緒に並んであげることは

「他人に貢献すること」です。

一方、行列に並んでいるときに、後ろに人が並んだら「お先にどうぞ」と言って自分の順位を下げ、自分が我慢するのは「他人を優先すること（自分を後回しにすること）」です。自分が順位をひとつ落とす代わりに（マイナス1）、他人が順位をひとつ上げる（プラス1）。これでは、なんの課題も解決していません。

「人の役に立たなければいけない」というフレーズを、「他人を優先しなければいけない」と考えると、自分はいつまでたっても好きなことができず、とても苦しくなります。そしていずれ、「こんな苦しい想いをしているのに、こんなに自分を殺して我慢しているのに、相手は自分をまったく評価してくれない」と感じるようになってしまいます。

これでは本末転倒です。

他人に貢献してください。でも、自分を後回しにする必要はありません。

グレイブ・メン・ロードに挑戦中、カイジは前を行く中川の震える背中にただ手を添えた。カイジは自分の命を
犠牲にして中川を救ったのではないが十分な貢献だ。自分を捨てなくても人は人を救える。

Mind your own business！

英語で、「大きなお世話」を"Mind your own business."と表現します。直訳すると、「あなた自身の関心事を気にかけなさい」となります（businessには仕事という意味のほかに、事柄という意味があります）。

まさにその通りではないでしょうか？

多くの人が、自分にまったく関係がないことを一生懸命〝気にかけて〟います。ツイッターや2ちゃんねるで、一生懸命に他人を批判しています。まるでエスポワール号の中で、利根川に向かって野次を飛ばしていた男たちのようです。

利根川がネットに批判を書き込んでいる人を見たら、また「ぶち殺すぞ、ゴミめら」と言うのではないでしょうか。

最近、**「俺にも一言いわせろ症候群」**が増えているように思います。何か世間で気に入らないことがあると、クレームを入れたり、止めさせるように騒いだりします。

これは、デモやロビー活動とは違います。デモ・ロビー活動は、通常、自分の利害に関係していることしか行いません。直接的に自分には関係がなくても、自分たちの子どもの世代に悪影響がある、自分たちが住んでいる地球環境にダメージがあるなど、なんらかの形で「当事者」となる人たちが声を挙げます。

しかし最近は、まったく利害関係がない人たちが「とりあえず気に入らないから止めろ」と騒ぐケースが増えています。

元フィギュアスケート選手の安藤美姫さんが、出産をしていたことが明らかになったときのことです。突然の報道に驚いた人が多かったことでしょう。そして、かなり多くの人が、「乳飲み子を抱えてオリンピックを目指すなんて無理だ」「甘く見てる」「ふざけるな」とネットにコメントを書き込んでいました。雑誌『週刊文春』(文藝春秋)では、「安藤美姫選手の出産を支持しますか?」という〝アンケート〟をネットで公開・収集していました。

有名人の恋愛、結婚、出産はそれだけでいつでも注目を集めます。しかし、その是非を問うことはできませんし、赤の他人である私たちがコメントする権利はないはずです。

まるで自分が決裁者にでもなったかのようにふるまい、「俺にも一言いわせろ」という態度で、自分の正義を振りかざしています。

これは、自分にも言う権利がある、主張する権利があるという発想が基になっています。

そしてそれは、「自分も相手も、同じレベルの人間」という「平等観」があります。たとえば、上司が出した案には何も言えなくても、それが同僚が出した案だったら、全力でダメ出しができます。相手が自分と対等、もしくは自分より下だから物申せるのです。

世の中には、いろいろな人がいます。私たちも日々いろいろなものや情報を目にします。その中には、自分の考えと違うものも多々あるでしょう。気分を害することもあるでしょう。

でも、だからといって、「止めろ」という権利はありません。嫌だったら自分が無視すればいいだけのことです。

もし、見知らぬ人から「俺はおまえが気に入らないから、すぐやめろ！」と言われたらどう思うでしょうか？　「おまえには関係ないだろ!?」と思うのではないでしょうか？

そのとおりです。その人には関係がないことなのです。そしてその人は、「関係がないこと」を一生懸命批判し、一生懸命時間とエネルギーを使って貶めようとします。

このような「外野」が騒ぐのは、脅迫やテロと一緒です。

騒いでいる側は、自分たちの主張を通そうと躍起になっています。しかし、騒ぎたいだけの人たちによって、曲げられる主張があることを忘れてはいけません。
「なぜ、あなたの主張が１００％正しく、相手の主張が１００％間違っていると言えるのですか？」という質問をしたら、この人たちは答えられるでしょうか？

自分以外のことを四六時中気にかける余裕がある人は、少ないはずです。人生はあっという間に過ぎ去ってしまいます。そんな無駄なことをしている時間はありません。
自分にまったく関係がない、しかも自分が気にかける必要がまったくないことに時間を割いている場合ではありません。
自分の人生を変えようとしているのに、他人の行動にチャチャを入れている暇はないはずです。

Mind your own business!

自分に関係があることに集中するべきです。

「かわいそう」という言葉は、人を突き落とす

「かわいそう」という言葉は、じつはとても残酷です。人を「かわいそう」というとき、その言葉の裏には「自分はそうじゃないけどね」という意味合いがあります。

世の中には、いろいろな境遇の人がいます。社会的弱者やサポートが必要な人、さらに虐待されている子どもたちのように、助けが必要な人もいます。

ただ、「かわいそうな人」はいないと私は思っています。いろいろなハンデを背負って生きている人がいます。社会としてサポートが必要なケースもあります。しかしその人は「かわいそう」ではありません。

虐待されている子どもたちを救うのは、「かわいそうだから」ではありません。

ある日私は、カフェで原稿を書いていました。小さい子供を連れた家族が隣に座りました。その子は、度が強いめがねをかけていました。ですが、その子はただ「めがねをかけているだけ」です。その子の父親も母親もめがねをかけていました。

このとき、近くにいた中年の女性が、この子を見て、「あらぁ、かわいそう。まだ小さいのにねぇ」と言いました。

そのとたん、その子が泣き出したのです。この中年の女性は、自分が何を言ったのかわかっていませんでした。


私もめがねをかけています。大学に入った時からかけはじめたので、めがねをかけない生活も、かけている生活も両方知っています。たしかに、めがねは不便です。めがねがないと見えないし、スポーツはやりづらいですし、プールや海などめがねをかけられない場では、見えません（私はコンタクトも合わず、つけられません）。

めがねをかけない生活のほうがいいかもしれません。しかし、めがねをかけていることは「かわいそう」ではありません。

もともと人間が全員めがねをかけていたら、「かわいそう」だとは思わないはずです。

また、仮に無人島で、ひとりで暮らしていたら、その不便な状況を「かわいそう」だと自分で思うでしょうか？　そうは思わないはずです。

なぜか？　人と比べないからです。

つまり、かわいそうという言葉は、誰かと比べて、その人が「劣っている」ということを言っているのです。つまり、「私よりも、あなたのほうが悪い環境にありますよ」といっているのです。

もし不便な状況がかわいそうなのだとしたら、海の中を自由に泳げる魚から見ると、人間はなんと「かわいそう」な生き物でしょうか。大空を飛べる鳥からみたら、人間は本当に「かわいそう」です。

かつて「同情するなら金をくれ」というテレビドラマのフレーズが流行しました。「同情されたところで、何も変わらない。そんなものは意味がないし、いらない。同情するくらいだったら、金をくれ」ということです。

「人をかわいそう」と思ったところで、状況は何も変わりません。むしろ、「人をかわいそう」と思うことは、「自分はかわいそうじゃないですよ」という裏返しで、自分が安心しているだけです。

「かわいそう」の裏側で、「自分は安全」と思いたい心理が働いていないか胸に手を当ててみてほしい。

それは、カイジたちがブレイブ・メン・ロードを渡っているのを余興として楽しんでいる富豪と同じです。〝セーフティー〟という名の悦楽を味わっているだけなのです。どんな状況であれ、全員が同じであったら、「かわいそう」という発想すら出てこないはずです。自分ではそういう意図がなかったとしても、その言葉を受け取った側は、不必要に劣等感を抱いてしまいます。「かわいそう」という言葉はそれほど残酷な言葉なのです。

人間万事〝塞翁が馬〟

私は、3年前くらいに、突如小麦アレルギーを発症しました。

お好み焼きを食べた数時間後にランニングをしていたら、突然全身に蕁麻疹《じんましん》ができました。その後、目の前が暗くなり、立っていることができなくなり、その場で倒れました。「アナフィラキシー・ショック」でした（スズメバチに刺されて人が死ぬことがあります。それはこのアナフィラキシー・ショックが原因だそうです）。

それ以来、それまで大好きだったラーメンはもとより、パン、パスタ、ピザ、うどん、そば（十割そば除く）、お好み焼き、たこ焼き、焼きそば、肉まん、ハンバーガーなどなど、かなりの食材を食べることができなくなりました。

小麦はいたるところに使われています。揚げ物の衣、カレーのルー、洋菓子。それに、細かいことを言うと、醤油の中にも入っています(私は、アレルギーが発症するまで、醤油は大豆からつくると思っていたのですが、「大豆&小麦からつくる」が正解でした)。

私の症状はそれほど重くはないため、醤油を口にしても問題ありません。ただ、これまで好んで食べていたものは、ほとんど食べられなくなりました。

特に私は、大学の時から、関東では超有名ラーメン店である「ラーメン二郎」が大好きで、アレルギーが発症する直前まで週に3回は、食べていました。友人には「〝最後の晩餐〟はラーメン二郎」と宣言するくらい好きでした。

ですが、このアレルギーが治るまで食べることができません。粉ものの聖地大阪に行っても、食べられるものは、かなり限られます。

また、アルコールを飲むと、アレルギーを誘発するという話を聞いてから、大好きだったお酒も断ちました。

こういう状況を周囲に伝えると、同情されます。いろいろと気遣って声をかけてくれる人もいます。ただ、少し違います。

私自身は、自分でこのことを「不幸」だと思っていません。小麦アレルギーを宣告された時も、不思議と落ち着いていて「あらら、じゃあラーメン食べられないね」くらいの感覚でした。

強がりで言っているのではありません。本当に自分で不幸だとは思っていないのです。たしかに、「面倒」だとは思います。いちいち原材料を確認しなければ食べられないし、会食に行っても、その都度事情を説明しなければいけません。これはなにげに結構面倒な作業なんです。

でも、自分で自分を不幸だと思ったことはありません。

なぜ不幸だと思わないか?

それは、**「人間万事 塞翁が馬」**だと考えているからです。

「(人間万事)塞翁が馬」とは、中国のことわざです。

「人生は吉凶・禍福が予測できないことのたとえ」(『広辞苑〈第六版〉』)です。

塞翁とは、「塞(とりで)」に住む老人のことです。ある日この塞翁が飼っていた馬が逃げていなくなってしまいました。これは「不幸な出来事」です。しかし、この不幸が幸福に転じます。やがてこの馬が、もう1頭、駿馬(足が速い立派な馬)を連れて帰ってきたからです。

しかし、この幸福が不幸に転じます。

塞翁の息子がこの駿馬に乗って遊んでいたところ、落馬して足を骨折してしまいました。

ですが、再びこの不幸が、幸福に転じます。

その後すぐに戦争が起き、健康な男性はみんな徴兵され、ほとんど帰ってきませんでした。落馬し、骨折していたこの息子は兵役を免れ、死なずに済んだのです。


このように、幸福だと思えたことが不幸に転じ、不幸に思えたことが幸福に転じるということです。それが「塞翁が馬」の意味です。

私はこのことわざを自分に都合よく解釈し、**「不幸に思えたことが幸福に転じる」**と理解しています。

いま、不幸に思えることでも、それがめぐりめぐって幸福に転じることがあります。というより、**不幸はやがて幸福に転じるものだと思っています。**

私が小麦アレルギーを発症しなかったら、おそらく継続して身体に悪い食生活をしていたでしょう。そして、いずれ癌などの病気になっていたかもしれません。

また、アルコールをやめていなければ、たとえば酔っぱらって事故にあったり、健康を害したりしていたかもしれません。

それを止めてくれただけかもしれないのです。

「そんなこと、なぜわかる？」

人によってはそう思うかもしれませんね。

たしかに、本当にそうかはわかりません。でも、本当にそうかもしれませんよね。神様が仕組んだとか、そういうことではなく、現実問題として食生活が変わったことで体調が変わり、お酒を飲まなくなったことで不用意な事故に巻き込まれるリスクが下がったことは事実です。

要は考え方なのです。

「人間万事 塞翁が馬」と考えていれば、必要以上に悩むことがなくなります。

すべては自分の決断の結果

　2014年3月に山梨市で上野千鶴子さんの講演会が行われたときのことです。結果的には、無事に開催されたようですが、一時は市長が講演中止を発表するなど、紆余曲折がありました。

　市長が「中止」の判断をしたのは、市民からクレームが寄せられたからだと言います。上野さんが別の場で〝不適切〟な内容の発言・執筆をしていたとのことで、それを理由に講演を中止すべきという声が一部から上がりました。それを受けての中止判断でした。

講演会を中止させようとした人たちは、講演会を実施することで、何か被害を受けるのでしょうか？　たとえ甚大な被害でなかったとしても、些細な被害でも受けるのでしょうか？

おそらくは、何もありません。もしかしたら、その〝不適切な発言〟で傷ついた人がいるかもしれません。しかしそれは、講演会を実施してもしなくても変わらない過去の事実です。講演会を開催したことで新たに発生する要素ではありません。

他にも、多くの事柄が、本書でも紹介した一部の「俺にも一言いわせろ症候群」によって、修正を余儀なくされ、歪められています。これは由々しき事態です。一部のモンスター市民があらゆるものに口を出し、自分の正義を振りかざしています。これが広まると、誰も何もできなくなってしまいます。

ただ、ここでひとつ考えなければいけません。

このような騒ぎが起きたとき、主催者側は「世間のクレームにより、やむを得ず変更します」と言っています。「やむを得ず」と。ですが、果たしてそれが正しいのでしょうか？　本当に「やむを得ず」なのでしょうか？

主催者側は、それが「世間の声」でなく、「ほんの一部の声」であることは気づい

ていると思います。ノイジー・マイノリティであることを知っているのです。

大多数の人は賛同しているか、特に反対はしていないか、まったく何も気にしていないか、どれかでしょう。にもかかわらず、そのノイジー・マイノリティに過剰に反応しています。「いやぁ、クレーム来ちゃったからしょうがないよね」と。


本当にそうでしょうか？

クレームが来ても続ける人は続けます。信念があれば続けます。

当初、2014年1月から放送された日本テレビのドラマ『明日、ママがいない』には、当初、インターネットを中心に批判が巻き起こりました。放送を中止すべきという声もかなり上がっていました。しかし結局、このドラマは最終回まで放送されました。

自分に信念があれば、世間から批判されても理解してもらえるように努めます。そして最後までやり切ります。


結局のところ、「止める・曲げる」という判断をしているのは自分だということに気づかなければいけません。「クレームが入ったから」とか「ネットが炎上しているから」というのは理由になりません。自分が決めたことなのです。

企業は、〝ノイジー株主〟にいちいち耳を傾けません。最近は、自社のホームペー

オレなんだっ……！
肝心なのはいつも……！
オレがやると決めてやる……
ただそれだけだっ……！
カイジさん……
……
ククク……

誰にも頼れない真剣勝負でカイジが気づいたのは「揺るぎない自分」だった。人や周りを意識しているうちは「真剣に生きている」とは言えないのだ。

ジで、株主からの質問を受け付けている企業もあります。またYahoo!などの掲示板には、株価が低迷している企業の経営者に向けて日々バッシングが書き込まれています。でもそんな声をいちいち気にしていたら、何もできません。「新サービスを立ち上げます！」→「そんなのやめろ！」→「はい、批判があったのでやめました」では、何もできないのです。

もちろん、関係者に危害が加わるような事態になっている場合は別です。警察が動かなければいけないような事態は、適切な対処が必要です。

ただ、単に「他人に言われたから止めます」では何もできなくなることを知るべきです。そして、他人に言われて止めるといっても、結局は自分の判断で、自分の責任であるということを知るべきです。

そして、そう思わなければ、いつまでたっても他人のせいにし、いつまでたっても自分の人生を変えることなどできないのです。

すべては自分の判断と自分の責任である。

そう認識してこそ、自分の考え方と行動と人生を変えることができるのです。

今のあなたをつくったのは、誰なのか

自分がいかにひどい目に合っているかを訴える人が多くいます。ブラック企業に虐げられていて、大変な労働環境で働いている人は「会社が悪い！」「長時間労働のせいで体調を崩した！　俺の人生を返せ！」といいます。

また、金融詐欺事件が起きると、「なけなしのお金を投資してしまった。自分はこれからどうやって生きていけばいいのか」と嘆きます。

その状況は、たしかに改善されるべきですし、そのような事態が繰り返されないよう、国も対策を練るべきです。

ただ、忘れてはいけないのは、その職場を選んだのは自分であるということ、その投資をすると決めたのは自分であるということです。

すべては自分自身の決断の結果なのです。つまりは、自分が決断を間違えたので、その結果が引き起こされているということです。

これは、「被害者に落ち度がある」ということではありません。「被害者は自分の身を守る責任がある」ということです。

本シリーズの最初の作品、『カイジ「命より重い！」お金の話』で書きましたが、

日本語で言う「悪い」には、2つの意味があります。

ひとつは、It's your fault.（それは、あなたに落ち度がある）

もうひとつは、It's your responsibility.（それは、あなたの責任である）

日本語では、どちらも「被害者が悪い」と表現しますが、「落ち度がある」と「責任がある」はまったく別モノです。人間だれしも、自分や自分の家族、大切な人を守る責任があります。そして、その責任を果たせるよう努力しなければいけません。その責任が果たせなければ、自分に何かが足りなかったと考えるべきで、将来の自分のためにその足りない部分を学ばなければいけません。

人生を企画せよ、今日を企画せよ

私が子どもの時は、多くの子どもが外で遊んでいました。ファミコンが普及しはじめていましたが、まだ持ってない子が多く、放課後は公園や空き地で遊んでいました。ただ、遊ぶと言っても、遊具が限られるので、飽きないように工夫していました。時には、葉っぱを遠くまで投げられた人が勝ち、空き缶の上に一番長く乗っていられた人が勝ちなど、意味がわからないルールを勝手につくって、遊んでいました。

お金はなくても時間だけはあった大学時代は、無意味に公園に行き、じゃんけんをして、負けた人がそこから見えるもの（木、遊具、空き缶など、なんでもいい）を使って罰ゲームをするという遊びなど……。傍から見れば何がおもしろいのかわかりませんし、自分たちも圧倒的に非生産的な行動だとわかっていました。でも、「テレビつまんねぇー」と言いながら家でゴロゴロしているより、テレビゲームを惰性で続けるより、圧倒的に有意義な時間の使い方でした。

大人になる前は、私たちは自分たちの行動や楽しみ方を定義し、毎日を〝企画〟していたのです。

その時の遊びには、ほとんど決まった公式、フォーマットはなく、いかに与えられた環境と与えられた道具で、長時間遊べるかを工夫して考えていました。人から与えられたルールではなく、自分たちで「おもしろさ」を定義していました。大人になってからもそれはできるはずなのです。

仕事終わりの飲み会でも、ただ単にビールを飲んで、食べて、話すだけだったら単なる飲み会です。でもそこに、「絶対に笑ってはいけない」という要素をつけるだけで、テレビ番組の企画になるわけです。

ダイエットをしようと思っている人も「格安ローカロリーランチを探す」という企画性を持たせれば、そのプロセス自体が全然違うものになります。

探し物をしている時間を心地よく感じる人はいませんが、ディズニーランドでは隠れミッキーを探すこと自体がエンターテイメントです。同じように、部屋の片づけは嫌いでも「10分でどこまで元の場所に戻せるか選手権」だったら、まったく違うものに見えるでしょう。

その時のその行動に企画性を与えるかどうかで、同じ行動をしていても感じ方が変わるのです。

お金の使い方も一緒です。高いお金を使えば、おもしろいことが経験できるかといえば、そうではありません。高いお金を使ったら、それなりの経験ができるかもしれません。けれど、お金がなくても、「１日１０００円でできるアジア旅行」とか、「１日食費１０００円生活」を考えることもでき、それをブログで紹介することもできます。すべては、自分がその時間と行動を、どう企画し、どうおもしろくできるかです。

現代には〝おもしろいもの〟があふれています。あらゆる企業から「こんなのどうですか？　これはおもしろいでしょ？」と売り込みがあります。自分が起きている時間は、１秒たりとも「売り込みがない時間」はないでしょう。

たしかにその中でおもしろいものもあります。でも、常に受動的に与えられた選択肢の中から選んでいくと、おもしろいものがなくてもその中から選ぶしかできなくなります。
そしてそれは、他人が考えた「おもしろい（かも）」であって、自分が考える「おもしろい」ではありません。他人から与えられた基準を選んでいるにすぎないのです。

他人がどう考えるかは問題ではありません。自分の感覚で、自分がおもしろいと思うこと、自分が「これが好き」と思うことを、自分で企画する。最初は何もおもしろいことを思いつかないかもしれません。その時には、テレビ番組をマネしてみてください。今日の行動、この時間、このお金の使い方をテレビ番組にするとしたら、どうなるかを考えてみるのです。その発想から、きっと自分だけの企画が生まれてくるはずです。

他人から提供されたものを受け入れるだけでは、心はざわつきません。たしかに、他人がコーディネートしてくれたもののほうが質が高く、完成しているかもしれません。個人旅行よりもパック旅行のほうがいい〝コーディネート〟がされているだろうと思います。でも完成されているものを受け身でこなしているだけでは、心はざわつきません。それはそれで楽しいかもしれませんが、おもしろみに欠けます。
もっと未完成でいいので、自分で〝今日〟を企画してみてください。

きっと、自分の人生が違ったものに見えてくると思います。

人生を変えるとは今日を変えること

「人生を変える」には、大きな決心と、圧倒的な努力が必要のように感じます。一大プロジェクトのように感じます。大きなことをしなければ、人生は変わらないと。

たしかに、自分が出す結果を変えようとすれば、一大プロジェクトになるかもしれません。今の年収を倍にしようとしたり、健康状態を改善しようとしたり、ノーベル賞級の理論を考えようとすれば、長い道のりを覚悟しなければいけません。

ただ、人生を変えるということは、そういうことではないかもしれません。**人生を変えるとは、考え方を変えるということだと思うのです。**

カイジの人生が変わらなかったのは、カイジの考え方が変わらなかったからです。遠藤に出会う前も、おそらくいろいろな出会いがあったでしょう。そして、いろいろなチャンスがあったと思います。でもその出会いやチャンスを活かすことができず（おそらくその出会いやチャンスに気づきもせず）、ずっと同じ人生を送っています。

地下帝国の班長・大槻は「今日をがんばったものにのみ、明日が来る」と言いました。「明日からがんばろう」という人は永遠にがんばれない、「今日だけがんばろう」という意識が努力を継続させ、やがては人生を切り開くということです。

人生を変えるとは、今日を変えることなのです。

そして、今日を変えるということは、**今日の考え方を変えるということ**です。

人間が生きているのは「今日」です。過去に生きているわけではなく、将来に生きているわけでもありません。もちろん、過去の経験を思い出したり、未来の自分をイメージしたりすることはできます。でもそれはたんに頭の中での話です。実際にあなたが生きているのは「今日」です。

1年後こうなりたい、こんなことをしたいと思っていても、何も変わりません。それは将来の話だからです。1年後こうなりたいのであれば、そこから逆算して、今日どうならなければいけないのかを考えなければいけません。そして、1年後にそうなるために必要な今日の自分にならなければいけません。

今日です。今日を変えることが人生を変えることになります。

そして、**今日の考え方を変えれば、今日の出来事の意味が変わります。**今日の行動も変わります。今日の出来事の意味と、今日の行動が変われば、将来が少しだけ変わります。それを繰り返すのです。

いま、望んでいる人生を送っていないのなら、今日の考え方を変え、今日の行動を変え、将来を少しずつ軌道修正していくことです。

人生は、「今日」の積み重ねなのです。

おわりに

日本は、経済大国です。不景気が続いているとはいえ、世界を見渡せばこんなに裕福な国は少なく、こんなに便利な国も珍しいでしょう。電車は時刻通りに来ます。少し具合が悪くなれば、医者にかかることもできます。

こんなに恵まれた環境でも、日本人は精神的に非常に窮屈な生き方をしています。そして日本人が窮屈さを感じるのは、自分の意思に従って生きていないからです。

社会が少し多様化してきたとはいえ、日本では引きつづき〝同質であること〟が好まれています。人間関係上は、今でもそれは変わりません。というより、本書で解説したように、個人主義が進めば進むほど、むしろこの傾向は強くなっていきます。人と同じでなければ、妬まれ、同じ場所にいるように強制されます。そして、小さいころから、人と同じ「満点」という目標を目指すように仕向けられています。

しかし経済環境としては「人と違うこと」が求められる世の中になっています。他社と同じ商品を出しても選んでもらえませんし、人と同じ発想では、評価もしてくれません。経済面では、異質であることが求められています。

つまり私たちは、社会から2つの矛盾した性質を求められているのです。

一部には器用な人がいて、この2つをうまく両立しています。ですが、多くの人はそれができず、できない自分を責めて、無能と感じ苦しんでいます。また異質であろうとした結果、世の中から妬まれ、叩かれ、足を引っ張られて引っこんでしまう人が大勢います。

私たちは消費者として目新しい商品、これまでになかった商品を好んで買います。となれば、企業はそれに応えざるをえず、経済環境的には「同質であること」は評価されない時代になっていきます。

そろそろ、私たちは腹をくくらなければいけません。私たちは異質でなければいけませんし、異質でいいのです。誰かが決めた「満点」を目指すことはありません。そもそも私たちは一人ひとり考え方も能力も違います。それでいいのです。

他人がどんな活躍をしようと、自分にマイナスがあるわけではありません。

他人の行動に、自分が口を出す権利はありません。

私が経済学を学んでよかったと思うのは、ヒト、モノ、カネ、土地、時間など、あらゆる資源が有限であることを肌で実感できるようになったことかもしれません。「がんばれば夢は叶う」といわれる時代になりました。たしかに私たちの未来は無限に広がっているかもしれません。でも、私たちが生きる社会の資源は有限なのです。

全員が行きたいところへ行って、なりたいものになれるわけではない。限られた資源を使うために競争も生じるし、その中で自分のポジションが決まってしまいます。それは仕方がないことなのです。

たとえ、望むポジションに就けなかったとしても、そのポジションが単に有限であったことを示したに過ぎません。「定員がいっぱい」ということがわかっただけで「無能だ」と言われたわけではないのです。

社会が有限であっても、私たちの選択肢は無限です。自分の力を有効に使える空いているポジションは必ずあるのです。私は経済学からそういう地に足のついた考え方も学んだように思います。

私たちはあまりに簡単に自分の能力を否定していないでしょうか。人と比べる必要はないのです。

私たちはもっと自分に集中すべきです。

自分と自分の意見をもっと大切に扱うべきです。

他人からの評価を気にしすぎるあまり、自分を押し殺したり、自分を抑えつけたりしてはいけません。自分で考え、自分が判断してこそ、自分の道が開けます。


「今度こそ、人生を変えてみせる」


映画『カイジ　人生逆転ゲーム』でカイジが繰り返すセリフです。「今度こそ」ということは、これまで何度か（何度も）人生を変えようと思い、そのたびに失敗してきたということでしょう。

カイジにとって、帝愛グループとの出会いという最悪の出来事は、幸か不幸か、人生を変えるきっかけになりました。帝愛グループと出会った後のカイジは自分で考え、自分の足で立つようになりました。自ら人生を切り開く男になりました。

ギャンブルに勝っても最後の最後でお金を手放してしまうため、相変わらずギャンブルを続けています。ですが、カイジは死んだように生きる人生から抜け出しました。生活はさほど変わっていません。しかし、人生を変えたのです。

マンガ『カイジ』の本質は、〝借金の怖さ〟ではありません。もちろん、〝ギャンブルの勝ち方〟を指南しているわけでもありません。

『カイジ』は、他人に左右されない人生を、強烈なプレッシャーと痛みを伴いながらも果敢に前進していく若者を描いた作品です。

今の生活を「ゴミって感じ」と言われたカイジに共感するところがあるのなら、「今度こそ人生を変えるんだ」というセリフを他人事にしてはいけません。

カイジを「自分の足で立って、人生を切り開いた男」として再度見直してください。そしてそこから、自分の生き方を変えるヒントを感じていただければ、紹介者として、カイジファンの一人として、至福の喜びです。

目黒のスターバックスにて　木暮太一

2014年5月

木暮太一（こぐれ・たいち）

経済入門書作家、経済ジャーナリスト。ベストセラー『カイジ「命より重い！」お金の話』『カイジ「勝つべくして勝つ！」働き方の話』（ともに小社）ほか、『僕たちはいつまでこんな働き方を続けるのか？』（星海社新書）、『今までで一番やさしい経済の教科書』（ダイヤモンド社）、『いまこそアダム・スミスの話をしよう～目指すべき幸福と道徳と経済学』（マトマ出版）など著書多数。慶應義塾大学 経済学部を卒業後、富士フイルム、サイバーエージェント、リクルートを経て独立。学生時代から難しいことを簡単に説明することに定評があり、大学時代に自主制作した経済学の解説本『T.K論』が学内で爆発的にヒット。現在も経済学部の必読書としてロングセラーに。相手の目線に立った話し方・伝え方が、「実務経験者ならでは」と各方面から高評を博し、現在では、企業・大学・団体向けに多くの講演活動を行っている。

公式ブログ：http://ameblo.jp/koguretaichi/
facebook：http://www.facebook.com/koguretaichi
twitter：@koguretaichi

カイジ「どん底からはいあがる」生き方の話

二〇一四年六月二十日　初版印刷
二〇一四年六月二十五日　初版発行

著者　木暮太一
発行人　植木宣隆
発行所　株式会社サンマーク出版
〒一六九-〇〇七五
東京都新宿区高田馬場二-一六-一一
電話　〇三-五二七二-三一六六

印刷　共同印刷株式会社
製本　株式会社村上製本所

ホームページ　http://www.sunmark.co.jp
携帯サイト　http://www.sunmark.jp

ISBN978-4-7631-3372-4 C0030